교양 꿀꺽

암호화폐와 블록체인은 왜 필요할까?

유윤한 지음 | 이진아 그림

봄마중

차례

머리말·6

1 털가죽이 돈이라고?-실물화폐·11

2 금이 비쌀까? 은이 비쌀까?-금속화폐·21

3 가짜 돈도 있을까?-동전화폐·31

4 지폐의 등장-종이화폐·47

5 돈이 컴퓨터를 만나면?-전자화폐·67

6 돈에도 암호가 필요해-암호화폐 · 81

7 컴퓨터로 금을 캔다고? · 91

8 국가가 만드는 암호화폐 · 107

9 블록체인으로 꽃피는 세상, 메타버스 · 125

10 편리하고 안전한 블록체인의 미래 · 141

머리말

만약 우리에게 돈이 없다고 상상해 보렴. 멋진 새 게임을 갖고 싶은데 사과하고만 교환해야 한다면 어떻게 될까? 만일 여러분이 사과가 안 나는 지역에 산다면, 새로운 게임을 살 수 없겠지.

불과 100여 년 전만 해도 전 세계 곳곳에는 돈을 사용하지 않는 곳이 많았어. 1900년대 러시아 동쪽 끝에 살았던 축지족이 좋은 예지. 이들은 수천 년 동안 순록 떼를 몰고 다니며 먹을 것, 입을 것, 집 지을 재료까지 스스로 해결해 왔어. 그런데 어느 날 축지족의 땅으로 쳐들어온 러시아 군인들이 총칼을 들이대며 한곳에 모여 살아

야 하며, 러시아 정부에 세금도 내야한다고 명령했어. 그때까지 돈이란 것을 모르고 살았던 축지족 사람들은 돈 대신 순록이나 곰의 털가죽으로 세금을 내야 했어.

 러시아는 겨울엔 몹시도 추운 나라이기 때문에 축지족이 세금으로 내는 털가죽은 큰 인기를 끌었어. 러시아를 비롯한 서양 각국 상인들이 털가죽을 사려고 몰려들었지. 그런데 축지족은 아무리 많은 돈을 주어도 거래를 하려 들지 않았어. 돈을 받아봤자 쓸 데가 없었기 때문이야.

 그런데 몇몇 축지족 사람들이 담배를 피우기 시작하면서 변화가 생겼어. 담배는 중독성이 있기 때문에 한번 피우기 시작하면 끊기가 어려워. 사람들은 점점 털가죽과 담배를 바꾸기 시작했지. 사실 돈이 갖추어야 할 가장 중요한 조건은 누구나 그것을 가지고 싶어 해야 한다는 사실이야. 누구나 가지고 싶어 하는 것은 그만큼 힘이 있기 때문이지.

사실 돈에 대한 이야기는 세상을 움직이는 보이지 않는 힘에 관한 이야기야. 오늘날 우리는 누구나 돈이 중요하다는 사실을 잘 알고 있어. 하지만 그 돈이 암호화폐라면, 고개를 갸우뚱거리지. 물론 '○○코인' 때문에 범죄가 일어나거나 사기를 당했다는 뉴스도 많고, 거짓말에 속아 '○○코인'에 큰돈을 투자했다가 망한 사람들도 많아. 이들은 모두 한 번에 큰돈을 벌려다가 피해를 본 거지.

그렇다면 우리는 러시아 상인들의 돈을 받지 않았던 축지족처럼 암호화폐를 멀리해야 할까? 만일 앞으로 다가올 미래가 사람, 자동차, 전자 기기들이 모두 온라인으로 연결되어 요금을 주고받는 디지털 사회가 되지 않을 것이라고 믿는다면 그래도 좋아. 하지만 이제 곧 디지털 사회에서 살게 될 사람이라면, 새로운 돈인 암호화폐에 관심을 가져야 해.

　벌써 중국을 비롯한 몇몇 국가에서는 정부가 나서서 암호화폐를 발행하고 있어. 또 세상에서 가장 힘센 돈인 '달러'를 가진 미국은 비트코인 같은 암호화폐를 키우려고 해. 온라인으로 주고받는 가상자산의 세계에서도 자신들이 암호화폐를 주도하고 싶기 때문이야.

　우리가 암호화폐에 관심을 가져야 하는 이유는 세계 경제의 흐름을 주도하는 화폐가 바뀌고 있기 때문이야. 그리고 화폐가 바뀐다는 것은 세상이 바뀌고 있다는 뜻이지. 이 책을 통해 독자 여러분도 이런 변화를 알아차리는 지혜를 갖추었으면 해.

1

털가죽이 돈이라고?
실물화폐

1800년대가 끝날 무렵 유럽의 모라비아(지금의 체코 지역)에 자물쇠를 만드는 기술자인 얀 벨출이란 사람이 살고 있었어. 그는 어느 날 문득 이런 생각을 했어.

'더 이상 신분이 높고 돈 많은 사람들한테 굽실거리면서 살고 싶지 않아. 난 젊고, 기술도 있으니까.'

얀은 가난하고 신분이 낮아도 당당히 어깨를 펴고 살 수 있는 나라를 찾아 떠나기로 했어. 그러던 중 북극에 대한 이야기를 듣게 되었지. 북극은 날씨가 아주 춥기는 해도, 황금이 많이 나오고 고래도 잡을 수 있기 때문에 금방 부자가 될 수 있다는 거야.

얀은 북극이야말로 자신이 찾던 곳이란 생각이 들었어. 그래서 말 한 마리에 식량과 공구를 싣고 시베리아 대륙을 가로질러 북극을 향해 출발했지. 끝도 없이 펼쳐진 시베리아 숲에는 수천 년, 수백 년 전부터 자리를 지켜온 나무들이 푸른 지붕을 이루며 자라고 있었어.

어느 날 숲에서 긴 머리에 수염투성이인 남자가 튀어나왔어. 그는 십여 년 전 감옥에서 탈출한 죄수였는데 깊은 숲속 나무 위에 집을 짓고 숨어 살던 중이었지. 마침 식량이 떨어져 제대로 된 고기를 먹어본 지도 벌써 몇 달이나 지난 얀은 그 남자에게 사냥해 놓은 고기가 있으면 팔라고 했어. 남자는 나무 위로 올라가더니 큰 고깃덩이 하나를 가지고 내려왔지. 소금에 절인 곰 고기였어.

얀은 고기값으로 가지고 있던 돈을 내밀었지. 그런데 남자는 돈을 받으려고 하지 않았어. 탈옥수였기 때문에 돈을 쓰러 마을로 나갔다간 붙잡힐까 봐 두려웠기 때문이야.

"어차피 나는 돈이 필요 없으니, 다른 것을 주시오."

얀은 할 수 없이 짐 꾸러미를 풀어 보여 주며, 고기값 대신 받고 싶은 것을 고르라고 했어. 남자는 불 피울 때 필요한 성냥 한 갑을 골랐지. 요리를 하려고 마른 나무껍질을 문질러 불을 피울 때마다 고생을 했기 때문이야.

**우리는 보통 돈이 있어야만
물건을 살 수 있다고 생각해.**

하지만 양과 탈옥수처럼 서로가 가진 물건을 교환하면, 돈이 없어도 필요한 것을 얻을 수 있어. 인류는 돈이 발명되기 아주 오래 전부터 이런 식으로 물건과 물건을 교환하는 방법을 사용해 왔어. 이것을 **물물교환**이라고 해.

지금으로부터 약 1만여 년 전, 인류는 처음으로 농사를 짓고 가축을 기르기 시작했어. 풍년이 든 해에는 곡식이 남기도 했고, 사냥을 많이 하고 나면 고기나 털가죽이 남기도 했지. 그런데 이런 것을 제대로 보관할 만한 시설이 없었어.

다행히도 마을에는 그릇 만드는 것을 좋아해서 틈만 나면 진흙으로 갖가지 모양의 크고 작은 그릇을 빚는 사람이 살고 있었어. 그릇이 필요한 사람들은 곡식, 고기, 털가죽과 그릇을 바꾸어 갔지.

그런데 그릇 만드는 사람의 창고에 곡식이나 고기, 털가죽이 쌓이는 것을 본 몇몇 사람들이 생각했어.

'매일매일 힘들게 들판에 나가 농사를 짓느니 나도 차라리 집 안에서 그릇을 만드는 게 낫겠어.'

이렇게 해서 그릇 만드는 사람들의 수가 하나둘 늘기

시작했지. 그러자 이들은 **경쟁**을 해야 했어. 심지어 어두운 밤에 돌아다니며, 남이 만들어 놓은 그릇을 몰래 깨 버리는 일도 있었지. 그러자 자신의 그릇도 깨질지 모른다고 생각한 청년이 사과가 많이 나는 산 위의 마을로 올라갔어. 그동안 만든 그릇을 차곡차곡 쌓아 지게에 짊어지고서 말이야.

산 위 마을 사람들은 그릇 만드는 청년이 찾아오자 아주 반가워했어. 마침 사과를 저장할 커다란 항아리가 필요했기 때문이야. 마을 사람들은 맛있는 사과와 숲에서 채집한 꿀을 주고 그릇과 바꾸었지.

그릇 만드는 청년이 사과와 꿀을 가지고 돌아왔다는 소문은 금방 마을에 퍼졌어. 움막을 짓고 모여 사는 이 마을에 비밀이란 없었거든. 마을 사람들은 곡식이나 고기를 가지고 청년을 찾아왔어. 이번에는 그릇이 아니라 사과나 꿀을 바꾸어 가기 위해서였어.

이런 식으로 서로 필요한 물건을 바꾸는 물물교환은 널리 퍼져 나갔어. 이제 사람들은 자신이 캐낸 금이나 구리로 장신구와 무기를 만들어 볍씨나 소금으로 바꾸기도 했어. 물물교환은 사람들이 모여 사는 곳이면, 어디서든 이루어졌고, 바꾸려는 물건 하나하나가 오늘날의 돈과 같은 역할을 했어.

인류가 물물교환을 해 온 역사는 참으로 길어. 사실 최근까지도 과학과 문명이 발달하지 못한 곳의 주민들은 털가죽이나 곡식을 돈으로 사용했어. 앞에서 이야기한 얀 벨출이 찾아간 북극 마을에서는 참치 통조림 30캔과 순록 가죽 1장을 맞바꾸었지.

북극 마을에서 동물의 털가죽은 누구에게나 꼭 필요한 것이야. 털가죽으로 집을 짓기도 하고 옷이나 신발도 만들기 때문이지. 그래서 다른 사람이 가진 물건을 살 때는 털가죽으로 지불하면 대부분 거래가 이루어져. 특히 유럽이나 미국에서 온 사람들일수록 털가죽을 받으면 좋아했어. 도시로 가져가면 참치 통조림 30캔보다 훨씬 비싼 값을 받을 수 있으니까 말이야.

오랫동안 인류의 역사와 함께해 온 물물교환이 사라지게 된 것은 불편함 때문이었어.

첫 번째 불편은 물물교환을 하다 보면 다툼이 끊이지 않는다는 거야.

한 마을에 벼농사를 짓는 사람과 배추 농사를 짓는 사람이 있다면, 벼농사를 짓는 사람은 해마다 겨울이 되기 전에 쌀을 배추와 바꾸어 겨울 동안 먹을 김치를 담글 거야. 그런데 배추 농사가 흉년이 들면, 평소의 절반인 5포기밖에 줄 수 없겠지.

'쳇. 아무리 흉년이 들었다 해도 5포기밖에 안 주다니. 욕심쟁이 같으니라고.'

결국 두 사람은 다투게 되겠지. 이처럼 물건을 교환할 때마다 값어치를 새롭게 매기며 서로 손해를 보지 않으려다 보면 마을은 항상 시끄러울 수밖에 없겠지.

두 번째 불편은 돈처럼 사용하는 물건을 오래 저장하기

어렵다는 거야. 북극 마을에서 털가죽이 돈처럼 사용될 수 있었던 것은 오래 두어도 상하거나 변하지 않기 때문이었어.

　이처럼 물물교환은 다툼이 일어나기 쉽고, 물물교환을 할 만한 상대를 찾기도 어려워. 사람들은 점점 가지고 다니기도 쉽고 잘 변하지 않으면서 언제 어디서든 다른 사람의 물건과 교환하기 쉬운 것을 찾기 시작했어.

2

금이 비쌀까?
은이 비쌀까?
금속화폐

사람들은 누구나 원하고, 멀리까지 가지고 다녀도 변하지 않는 것이라면 물건의 값어치를 나타내는 기준으로 삼을 만하다고 생각하게 되었어. 이런 필요에 따라 나타나게 된 것이 바로 **돈**(화폐)이야.

인류가 최초로 사용한 돈은 조개껍데기였어.

물론 아무 조개껍데기나 화폐로 사용한 것은 아니었어. 무늬가 화려하고 반짝거리며 단단한 몇몇 조개껍데기가 선택되었지. 이런 조개껍데기는 특정한 바다에서만 나오기 때문에 구하기가 어려워 귀한 대접을 받은 거야. 게다가 가지고 다니기에도 편하고 잘 부서지지도 않았으며, 하나하나 세어서 계산하기에도 좋았어.

지금으로부터 3800여 년 전에 만들어진 중국의 무덤에서도 조개껍데기 화폐가 발견되었어. 조개껍데기 화폐는 물건을 살 때뿐만 아니라, 권력을 지키는 데도 사용한

것으로 보여. 왕은 자신이 죽은 뒤 무덤에 함께 묻을 정도로 많은 화폐를 가지고 있었고, 전쟁에 나가 공을 세운 백성에게 화폐를 상으로 나눠 주어 충성심을 북돋았다는 기록도 있거든.

한편 비슷한 시기에 서아시아 지역 고대 **바빌로니아** 왕국에서는 은을 화폐로 사용했다는 기록이 남아 있어. 3700년 전쯤 바빌로니아의 **함무라비 왕**은 나라를 잘 다스리기 위해 여러 가지 법을 만들었어. 그리고 이것을 법전으로 만들었지.

함무라비 법전에는 200가지가 넘는 법이 기록되어 있는데, 환자가 의사에게 지불해야 할 금액까지 정해 두었다고 해. 예를 들어 부러진 뼈나 상처를 치료할 경우 귀족 환자는 5세겔, 노예 환자는 2세겔을 내도록 했어. 이때 1세겔은 은 8그램 정도로 만들어진 바빌로니아의 화폐였어. **세겔**은 역사상 최초로 나라에서 발행하고 공식적으로 인정한 화폐, 즉 **법정화폐**라고 할 수 있지.

인류가 은을 화폐로 쓸 수 있게 된 것은 기술의 발전이 한몫을 했어. 돌을 쪼개거나 갈아 무기나 농기구를 만들던 사람들이 금속을 캐내어 다루는 기술을 알아냈거든. 사실 함무라비 법전이 사용되기 전부터 인류는 은뿐만 아니라 구리, 철, 금도 화폐처럼 쓰기 시작했어. 이미 수천 년 전에 구리 4~5킬로그램 정도를 덩어리로 만들어 화폐처럼 사용했던 흔적도 발견되었지. 2500여 년 전쯤 중국에서는 구리와 주석이 섞인 청동으로 여러 가지 모양의 화폐로 만들어 쓰기도 했어. 그 중에는 삽 모양을 한 것도 있고, 칼 모양을 한 것도 있지.

화폐로서 가장 인기를 끈 금속은 금이었어.

오늘날에는 금이 은보다 훨씬 비싸지만, 인류가 처음으로 금을 캐내기 시작할 때는 그렇지 않았어. 금은 화산 활동이 끝나고 식은 땅 속에 금맥을 이루며 모여 있기 때문에 일단 금이 묻힌 곳을 알아내면 크게 어렵지 않게 많은 양을 캐낼 수 있어. 또 강바닥이나 바닷가의 모래 속

에서도 작은 금을 쉽게 찾아낼 수 있지. 이것을 <mark>사금</mark>이라고 해. 사금은 금이 섞인 암석이 풍화나 침식 작용으로 잘게 부서져 강 하구나 바닷가로 흘러 들어온 거야.

옛날 사람들은 주로 강가나 바닷가에 모여 살았기 때문에 금을 찾아내기가 은을 찾는 것보다 쉬웠어. 다시 말해 금은 땅 속에서 덩어리로 캐낼 수 있고, 강이나 바닷가의 모래에서 체로 걸러 모을 수 있었어. 하지만 은은 은이 섞인 암석을 어렵게 캐내 여러 가지 과정을 거쳐야만 겨우 적은 양을 얻을 수 있었어. 당시 기술로는 아주 힘든 일이었지.

5000여 년 전 고대 이집트에서는 금덩어리를 은덩어리와 바꾸려면 2.5배나 많은 양을 가져와야 했다는 기록도 남아 있어. 금은 이집트 땅에서 캐낼 수 있는 금속이었지만, 은은 다른 나라에서 수입해야 했거든.

당시에는 농부들도 은을 귀하게 여겼어. 은이 빛날 때 주변에 번지는 하얀 빛이 달빛을 닮았다고 생각했기 때문이었지. 농부들에게 달은 태양만큼이나 중요했어. 달력이나 시계가 없었던 시절이라 달이 차올랐다가 이지러지는 모양을 보며 날짜를 계산해서 농사를 지었거든. 그런데 은이 달과 비슷한 빛을 내었기 때문에 하늘에서 내려온 달과 같은 금속이라고 믿으며, 누구나 가지고 싶어 했어. 모두가 가지고 싶어 한다는 것은 화폐로 사용되기 위한 중요한 조건들 중 하나야.

 하지만 은의 생산량이 늘어나면서 가치는 점점 떨어졌어. 그러는 사이에 금은 오히려 더 귀한 금속이 되어가고 있었지. 왕이나 귀족의 권위를 나타내는 장식품으로 쓰이기 시작했기 때문이야. 또 신을 모시는 신전을 장식하는 데도 금을 쓰는 민족이 점점 많아졌다.

 많은 나라의 왕들은 대부분 황금으로 만든 왕관을 썼어. 우리나라의 신라 시대 유물에도 황금으로 만든 것들이 많아. 금관뿐만 아니라 금귀걸이나 금허리띠도 있고, 금을 씌운 기와로 지붕을 덮는 건축 방법이 유행했다는 기록도 남아 있어.

 금을 신성하고 귀하게 여기는 전통은 기나긴 인류 역사를 통해 이어져 왔어. 14세기 일본에 지어진 긴카쿠지라는 절은 건물 벽 전체를 황금으로 두껍게 칠해 놓았고 16

세기 인도에 지어진 황금 사원도 400킬로그램이나 되는 황금을 녹여 사원 전체를 덮었지. 권력을 과시하기 위해 금이 사용되면서부터 은보다 훨씬 비싼 대접을 받았어. 한때 금은 은보다 100배 가까이 높은 가격을 받은 적도 있어.

비록 금과 은의 값어치에 대한 평가가 뒤바뀌기는 했지만, 금과 은은 시간이 흘러도 변하지 않고 쉽게 구할 수 없는 특징 때문에 오랫동안 사람들의 사랑을 받았고 한동안 전 세계 어디서나 통하는 화폐로 쓰이기도 했지.

3

가짜 돈도
있을까?
동전화폐

과학기술이 발달하면서 사람들은 멀리 배를 타고 나가 물건을 사고팔게 되었어. 말이나 낙타에 짐을 싣고 넓은 초원이나 사막을 건너기도 했지. 이때 은이나 금덩어리를 가지고 다니면서 그때그때 무게를 재어 값을 치르려면 너무 불편했어. 그래서 금덩어리와 은덩어리로 동전인 금화와 은화를 만들게 되었어.

금화나 은화는 무게가 정해져 있기 때문에 값을 치를 때 따로 무게를 잴 필요가 없었지.

물건 값에 맞게 금화나 은화를 세어서 건네주면 되니까 거래하기도 편하고, 저울 눈금을 조작해 금이나 은의 무게를 속이는 일도 막을 수 있었지. 또 금화나 은화는 국가에서 만든 화폐이기 때문에 동전에 들어간 금과 은의 무게를 속였을까 봐 걱정할 필요도 없었어.

은화가 세계적으로 널리 쓰이게 된 것은 기원전 7세기

그리스에 살았던 정치가인 솔론 덕분이야. 솔론은 아테네를 다스리는 집정관이었는데, 아테네가 잘 살려면 다른 나라들과 활발한 무역을 해야 한다고 생각했어. 특히 주변에서 가장 힘이 센 나라인 페르시아 왕국과 많은 교류를 하고 싶어 했지.

그런데 두 나라 사이에 무역을 할 때 문제가 있었어. 아테네 은화가 페르시아 은화보다 더 무겁기 때문에 계산할 때마다 은화의 무게를 재어 비교해야 했어. 솔론은 이대로는 상인들이 많은 거래를 할 수 없다고 생각하고, 아테네 은화를 깎아내 페르시아 은화와 같은 무게가 되도록 만들었어. 솔론의 이런 결단 덕분에 아테네 은화는 페르시아뿐만 아니라 주변 국가에서도 널리 쓰이게 되었지.

한편 금화가 널리 쓰이도록 한 사람은 솔론보다 뒤에 태어난 크로이소스 왕이야. 크로이소스 왕이 다스린 리디아 왕국은 지금의 터키 땅에 있었어. 리디아 왕국에서는 금과 은이 자연스럽게 섞인 호박금이 많이 생산되었어. 크로이소스 왕은 이 호박금으로 왕이 동전의 가치를 보증한다는 표시를 새긴 화폐를 만들었지.

이렇게 해서 국가가 발행하고 값어치를 보증하는 세계 최초의 금화가 탄생하게 된 거야. 금화의 한쪽 면에는 동전에 포함된 금의 무게를, 다른 쪽 면에는 크로이소스 왕을 상징하는 그림을 새겼어.

솔론이 만든 은화와 마찬가지로 이 금화도 믿을 만한 화폐였기 때문에 널리 쓰이게 되었지. 리디아 왕국이 망한 뒤에도 금화는 사라지지 않았고, 그리스 지역 전체로 널리 퍼졌지. 보통 시장에서 물건을 사고팔 때는 은화가 주로 쓰였고, 나라 사이에 무역을 하거나 큰돈이 오갈 때는 금화가 주로 쓰였어.

그런데 동전화폐에 대한 믿음을 무너뜨리는 일이 생겼어. 몇몇 왕들이 금화를 녹여 좀 더 작고 두께가 얇은 새로운 금화를 만들었거든. 금화 100개를 녹여 150개를 만드는 방법으로 개수를 늘린 거야. 그리고 차액을 몽땅 자기가 차지해 버렸지. 그러자 백성들의 생활은 더욱 힘들어졌어. 금화에 들어 있는 금의 양이 적어졌기 때문에, 전에는 금화 3개를 받고 팔던 빵을 이제 금화 5개를 받고 팔았거든. 결국 물건 값이 올라가게 된 거지.

또 옛 금화와 새 금화가 뒤섞여 계산이 복잡해지면서 금화로 거래를 하지 않으려는 사람들도 생겨났어. 더 큰 문제는 사람들이 가짜 화폐를 만들기 시작했다는 거야. 가짜 화폐는 국가에서 발행한 금화나 은화와 모양은 똑같지만, 값싼 금속을 섞어 만든 거였어.

우리나라에도 가짜 돈에 얽힌 이야기가 있어. 강원도 설악산의 높은 산봉우리들 사이에 주전(鑄錢)골이란 계곡이 있는데 '엽전을 만드는 골짜기'란 뜻이야. 이런 이름이 붙은 데는 사연이 있어.

엽전은 고려시대와 조선시대에 국가에서 발행한 동전이야. 시대마다 모양도 이름도 다르지. 예를 들어 조선시대에 가장 널리 쓰였던 엽전의 이름은 **상평통보**였어. 구리에 아연을 섞어 만들었지.

조선시대 중엽 어느 날 한 무리의 도적떼가 주전골로 찾아들었어. 도적떼는 망치로 놋쇠를 두드리며 가짜 엽전을 만들기 시작했지. 깊은 산 속에서 하루가 멀다 하고 쨍그렁 쨍그렁 메아리치는 소리가 울렸지만, 사람이 살지 않는 곳이라 괜찮았어.

그런데 우연히 고을의 관리가 주전골을 지나다 쨍그렁 쨍그렁 하는 소리를 듣게 되었지. 도적떼를 잡는 데 뛰어났던 관리는 그 소리를 수상하게 여기고 관군들을 이끌고 골짜기 속 도둑 소굴로 들이닥쳤지. 정신없이 가짜 돈을 만들던 도적떼들은 모두 잡혔고, 그때부터 이 골짜기는 주전골이라 불리게 되었다고 해.

동전화폐가 생겨난 후 세계 어디서나 가짜 돈이 문제를 일으켰지만, 그렇다고 이 화폐가 널리 쓰이는 것을 막지는 못했어. 특히 금화와 은화는 많은 나라에서 화폐로 쓰였고, 여러 나라가 국경을 넘어 물건을 사고파는 데 큰 도움을 주었지.

특히 금은 오늘날에도 기술 발달에 필요한 금속으로 귀하게 여겨지고 있어. 컴퓨터처럼 비싼 제품을 만들 때 꼭 필요한 금속이기 때문이야. 금은 호두알만 한 것을 얇게 펴면 작은 집 한 채를 감쌀 정도로 가공하기가 쉬워. 그래서 정밀한 부품을 만들거나 치과 치료의 재료로도 쓰이지. 공기나 물과 만나도 녹슬지도 않고, 쉽게 부서지지 않는 장점도 있어.

사실 금 외에 동전화폐를 만드는 데 주로 쓰였던 은과 구리의 중요성도 점점 커지고 있어. 컴퓨터, 인공지능, 로봇, 자율주행차 등에는 반드시 **반도체**가 들어가야 하는데 이 반도체가 제대로 작동하려면 은과 구리로 된 부속품이 필요해. 그러니 오늘날 **첨단 산업**에 꼭 필요한 금속이라고 할 수 있지.

역사상 금, 은, 동(구리)이 가장 많은 사람들에게 널리 쓰이고, 귀한 대접을 받았던 때는 18~19세기였어. 이 시기에는 많은 나라에서 금, 은, 동으로 화폐를 만들었기 때문이야. 당시 유럽에서 가장 부유한 나라였던 영국과 프랑스는 금화와 은화를 만들어 썼고, 구리가 많이 생산되었던 러시아는 은화와 동화(구리로 만든 돈)를 만들어 썼어. 그런데 무역이 활발해지면서 전 세계적으로 기준이 될 만한 **공통화폐**가 필요했어.

앞에서 솔론이 아테네의 은화를 페르시아의 은화와 같은 크기로 깎아냈다는 이야기를 했지? 그 이유는 강대국인 페르시아와 활발히 교류하기 위해서였어. 여기서 중요한 점은 아테네의 은화를 강대국인 페르시아의 은화에 맞추어 깎아냈다는 사실이야.

 강대국은 군사적으로도 힘이 세고, 물자도 풍부하고, 우수한 인재들도 많기 때문에 굳이 주변의 나라들과 교류하지 않아도 상관없어. 하지만 힘이 약한 나라는 강대국으로부터 물자, 기술, 무기 같은 것을 사와야 해. 그러니까 힘이 센 나라에서 받아줄 만한 화폐로 거래를 할 수밖에 없어.

 18~19세기에 가장 부유하고 힘이 세며, 전 세계에 많은 식민지를 가지고 있던 나라는 **영국**이었어. 그런데 영국이 17세기 중반부터 주로 써온 화폐는 금화였어. 이 시기에 많은 나라는 영국과 거래하기 위해 너도나도 영국에서 받아줄 만한 금화를 발행했지. 결국 19세기 후반이 되자 유럽의 여러 강대국과 미국, 일본 등에서도 금화를 발행하게 되었어.

 반면 은화의 인기는 예전보다 시들해졌어. 그 원인 중 하나는 금에 비해 구하기 쉬웠기 때문이야. 세계적으로 대규모 은광이 개발되어 은의 생산량이 늘어나고, 은을 만드는 기술도 날로 발달한 덕분이지.

잘 알려지지 않은 사실이지만, 세계적으로 은화가 대량으로 만들어질 수 있게 된 데는 우리 조상님들의 지혜도 한몫을 했어. 기록에 따르면, 15세기 말 함경도에 살던 두 기술자가 납이 들어 있는 돌덩이 한 근으로 은 두 돈을 만들었다고 해. 납과 은을 포함한 광석에 열을 가한 뒤 끓는점의 차이를 이용해서 은만 뽑아내는 기술을 알아낸 거야.

당시 조선 왕실은 기술자를 천시했기 때문에 이런 능력을 별로 중요하게 생각하지 않았어. 하지만 일본 사람들은 이를 눈여겨보고, 이들을 일본으로 데려갔지. 그리고 은광에서 많은 은을 만들어냈어. 그 결과 16~18세기 일본은 전 세계에서 거래되는 은의 3분의 1 정도를 만들었고, 당시 강대국이었던 네덜란드에 수출해 큰돈을 벌었어.

우리 민족이 이때 좀 더 기술에 관심을 가졌다면 얼마나 좋았을까? 조선에도 큰 은광이 많았기 때문에 조선 기술자들의 앞선 기술을 적용해 세계적인 은 생산국이 될 수 있었을 거야. 그렇다면 많은 은화를 만들어 여러 나라와 교역하고 부유해졌을 텐데.

한편 금화가 널리 쓰이도록 만든 사람은 1492년 아메리카 대륙을 발견한 콜럼버스야. 아메리카 대륙에 많은 황금이 묻혀 있다는 소문은 유럽 대륙으로 퍼져나갔어. 곧 영국, 프랑스, 스페인, 포르투갈 같은 나라들이 앞다투어 군대를 보냈지. 금을 약탈해 가기 위해서였어.

금을 많이 가지게 된 나라들은 금화를 발행해 부유해졌고, 백성들 사이에서도 금화가 널리 쓰였어. 무역도 활발해졌지. 금화를 벌기 위해 자원도 개발되고 과학기술도 발달했어. 또 저마다 많은 금화를 갖기 위해 열심히 일했고, 위험을 무릅쓰고 모험에 나서 새로운 것도 찾아냈어. 그 덕분에 증기선과 철도도 만들어졌고, 전기가 발명되어 전구를 켤 수 있게 되었지.

금화가 널리 쓰이게 된 것은 인류 역사가 발전하는 데 큰 힘이 되었어.

그런데 1914년에 접어들면서 금화는 위기를 겪게 돼. **제1차 세계대전**이 터졌기 때문이야. 영국, 프랑스, 독일에서는 전쟁을 위해 많은 무기를 사다 보니 금화가 바닥나기 시작했어.

하지만 전쟁 중이어서 예전처럼 식민지나 다른 나라에서 금을 들여오기가 쉽지 않았지. 결국 이들은 금화가 아닌 다른 돈으로 전쟁에 필요한 자금을 만들어야 했어. 금을 얼마나 가지고 있는지와 관계없이 나라에서 원하는 대로 발행해 쓸 수 있는 새로운 돈이 필요하게 된 거야.

지폐의 등장
종이화폐

금화, 은화, 동화와 같은 동전화폐의 뒤를 이어 새롭게 쓰이게 된 돈은 **종이화폐**였어. 종이에 인쇄해 만든 화폐로 **지폐**라고 하지. 그런데 지폐의 재료는 우리가 알고 있는 종이와는 좀 달라. 겉보기에는 종이처럼 보이지만, 물에 잘 젖지도 않고 찢어지지도 않아.

점퍼 주머니에 지폐가 들어 있는 것을 깜박 잊어 버린 채 세탁기에 넣고 빨면 어떻게 될까? 옷이 잘 마른 뒤 개면서 주머니에 손을 넣으면 조금 구겨진 채 말라 있는 지폐를 발견할 수 있어.

이처럼 지폐가 물에 젖어도 잘 찢어지지 않는 이유는 일반적인 종이가 아니라, 옷을 만드는 섬유로 만들어졌기 때문이야. 지폐를 만드는 섬유는 **목화**를 재배해 얻은 면인데, 면은 물에 젖거나 구겨도 잘 찢어지지 않는 성질이 있지.

그런데 최근에는 마치 종이처럼 보이는 얇은 플라스틱으로 지폐를 만드는 나라들도 있어. **플라스틱 지폐**는 심하게 훼손되거나 수명이 다하면 녹여서 다른 제품으로 재활용할 수 있어. 호주, 영국, 캐나다, 싱가포르 등에서 이

런 지폐를 쓰고 있지.

 그렇다면 세계 최초로 지폐를 사용한 나라는 어디일까? 11세기 지금의 중국 땅에 있었던 송나라야. 송나라도 그전에는 우리나라의 엽전과 닮은 금속화폐를 쓰고 있었어. 엽전의 한가운데는 네모진 구멍이 뚫려 있고, 이 구멍을 통해 수십 개, 혹은 수백 개의 엽전을 끈으로 꿰어 가지고 다녔지. 상인들이 비싼 물건을 사고팔 때는 한꺼번에 1,000개씩 꿰어 오늘날의 고액지폐처럼 사용했지.

 그런데 중국은 땅이 넓어서 아주 먼 곳까지 엽전을 가지고 다닐 일이 많았어. 어렵게 먼 곳까지 갔으니 이왕이면 많은 물건을 팔거나 사려고 말 등에 많은 엽전을 싣고 다녀야 했지. 짐을 조금이라도 줄일 방법을 궁리하던 사람들은 금속 대신 종이로 만든 지폐를 생각해냈어. 이렇게 해서 송나라 정부가 처음으로 만들어낸 지폐는 교자라고 불렀어. 교자는 세계 최초의 지폐야.

 송나라의 이웃나라인 금나라가 이것을 보고는 따라서 지폐를 발행했어. 주변 나라를 정복하기 위해 전쟁을 하려면 많은 돈이 필요한데 금속화폐를 만드는 것보다는 종이화폐가 훨씬 편할 거라고 생각했거든.

그런데 금나라가 전쟁을 자주 치르면서 매번 많은 지폐를 발행해 무기와 군사들의 식량을 사자, 시장에 돌아다니는 지폐의 양이 너무 많아져 가치가 떨어지고 말았어. 물건 값을 치르기 위해 금나라 지폐를 내면, 시장 상인들은 그 돈을 받지 않으려고 했지. 금나라의 경제는 흔들리기 시작했고, 마침내 몽골에 멸망당하고 말았어.

몽골은 13세기 이후 아시아 대륙뿐만 아니라 유럽 대륙까지 휩쓴 막강한 군사력을 지닌 나라였어. 결국 송나라도 몽골에게 멸망당했고, 송나라의 지폐인 교자도 사라지게 되었지. 금화나 은화는 나라가 망해도 그 자체가 귀금속이기 때문에 가치를 가지고 있어. 하지만 지폐는 발행한 나라가 망하면 휴지조각이나 다름없어. 이처럼 지폐는 그 돈의 가치에 대한 사람들의 믿음이 무너지면 쓸모가 없어지는 거야.

서양에서 종이로 만들어진 지폐가 발행된 것은 중세시대부터야. 초기의 지폐는 오늘날의 영수증이나 보관증과 비슷했어. 금이나 은을 녹여 비싼 장신구를 만들던 귀금

속 상인들이 부자들의 금화나 은화를 대신 맡아 주고 보관증을 써 주곤 했거든.

 큰돈을 써야 할 일이 있으면, 귀금속 상인이 써 준 '금화 100개 보관증' 같은 것을 건네주면 되니까 물건을 사기도 훨씬 편했어. 만일 정원 관리를 맡긴 사람에게 임금을 주어야 한다면, 무거운 금화 한 자루를 일일이 세어서 주는 대신 '금화 10개 보관증'을 주면 되기 때문이야.

 그 시절에는 '금화 10개 보관증'을 가지고 귀금속 상인을 찾아가면, 그 자리에서 금화 10개를 내 주었지. 즉 '금화 10개 보관증'은 금화 10개와 똑같은 값어치를 나타내는 지폐였어. 그래서 사람들은 금화 대신 보관증만 사용하면서, 굳이 이것을 금화와 교환해 집안에 보관하려 들지 않았어. 언제든 필요하면 금화를 찾을 수 있었으니까. 금화를 몇 백 개나 가지고 다니려면 보통 일이 아니거든.

 이제 부자들은 집안에 금화나 은화를 쌓아두고 도둑맞을까 봐 불안해 할 필요도, 금화를 이곳저곳으로 가지고 다니면서 닳을까 봐 걱정할 필요도 없었지.

 많은 사람들이 '금 보관증'의 가치를 믿고 사용하게 되

면서, 이 보관증은 종이로 된 화폐의 역할을 하게 되었어. 이렇게 유럽 대륙에도 지폐가 등장하게 된 거야. 그리고 보관증을 발행해 준 귀금속 상인은 오늘날의 은행과 같은 역할을 하게 되었지. 금을 보관해 줄 뿐만 아니라, 금을 맡기지 않은 사람에게도 보관증을 써 주고 대신 이자를 받았지.

1661년 스웨덴은 세계 최초로 국가가 운영하는 중앙은행을 설립했어.

그리고 수백 년 전 송나라처럼 국가에서 보증하는 지폐를 발행했지. 1716년 프랑스에서는 은행가인 존 로가 국왕의 지지를 받으며 프랑스 은행을 세운 뒤, 지폐를 발행했어. 프랑스 은행은 사실상 국가에서 운영하는 중앙은행이었고, 국민은 은행이 발행한 지폐로만 세금을 내야 했지.

1816년에는 당시 유럽에서 가장 강대국이었던 영국이

중앙은행을 세우고, 지폐를 발행했어. 이 세 나라는 모두 처음에는 은행이 보관하고 있는 금의 양에 맞추어 지폐를 발행했어. 그래서 누구든 은행에 지폐를 가지고 오면 그 자리에서 금으로 교환해 주었지.

미국은 영국의 식민지였던 시대부터 지폐를 발행하고 있었어. 그 이유는 영국과 무역을 하면서 항상 수출보다 수입을 더 많이 했기 때문이야. 영국으로부터 상품을 들여오기 위해 많은 금화와 은화를 지불하다 보니 미국에는 항상 돈이 부족했어. 그래서 몇몇 주 정부에서 지폐를 발행해 병사들의 급료를 주기 시작했지.

19세기 중반까지만 해도 주 정부는 각자 은행을 세우고, 지폐를 발행할 수 있었어. 미국에서 쓰이는 **화폐 단위**는 **달러**로 정해졌지만, 같은 1달러 지폐라 해도 어느 주의 은행에서 발행했는지에 따라 가치가 조금씩 달랐어.

예를 들어 남부 미시시피 주에서 발행한 1달러짜리 지폐를 가지고 북부 미시건 주로 여행을 갔다면 이 지폐는 90센트 정도밖에 가치를 인정받지 못할 수 있어. 지폐를 발행한 미시시피 주의 은행이 너무 멀어서, 그곳까지 가서 금으로 바꾸려면 비용이 들기 때문이지. 결국 미시건 주에서 1달러짜리 저녁을 먹고 미시시피 주에서 발행한 돈으로 계산을 하려면, 지폐를 두 장이나 내야만 해. 만일 지폐를 발행한 미시시피 주 은행이 파산할지도 모른다는 소문이라도 돌면, 아예 돈을 받으려고도 하지 않겠지.

앞에서 말한 금나라의 지폐처럼 지폐를 발행한 정부나 은행에 대한 믿음이 사라지는 순간, 그 지폐의 가치도 함께 사라지는 거야.

오늘날 우리가 쓰는 지폐는 우리나라의 중앙은행인 한국은행에서 발행하고 그 가치를 보증해.

이처럼 중앙은행이 뒤에서 든든히 뒷받침해 주는 돈을 법정화폐라고 해. 각 나라의 법정화폐 단위를 살펴보자면 우리나라의 원(₩), 미국의 달러($), 일본의 엔(¥), 중국의 위안(¥), 유럽연합의 유로(€) 등이 있어.

법정화폐는 지폐에 인쇄된 금액만큼 사용할 수 있도록 법률로 보장해. 그리고 중앙은행은 법정화폐의 발행량을 조절해 국가 경제에 문제가 없도록 노력하지. 만약 시장에 법정화폐가 너무 많이 풀려서 가치가 떨어지면 화폐의 발행량을 줄이고 반대라면 화폐의 발행량을 늘려. 만일 중앙은행이 이런 역할을 제대로 해내지 못한다면, 국민들의 생활은 크게 힘들어질 거야.

 제1차 세계대전과 제2차 세계대전을 치르면서 유럽의 강대국들과 미국은 많은 전쟁 비용을 써야 했어. 처음 지폐를 발행할 때는 은행에 금을 쌓아두고, 금과 교환해 줄 수 있을 정도로만 돈을 찍어냈어. 하지만 두 번의 세계대전을 치르면서 전쟁 자금이 급해지자 수시로 돈을 찍어내야 했고, 결국 정부는 가지고 있는 금보다 많은 화폐를 발행하게 되었지. 그 결과 처음에는 법정화폐를 은행에 가지고 가면, 지폐에 인쇄된 금액만큼 금으로 교환해 주었지만 나중에는 그럴 수 없게 되었어.

 특히 독일은 지나치게 많은 돈을 찍어낸 대표적인 나라였어. 제1차 세계대전 후 전쟁에서 진 독일은 다른 나라에게 전쟁배상금을 지불해야 했기 때문에 독일 돈인 마르크화를 마구 찍어내 배상금을 마련했어.

그러자 많은 마르크화가 시중에 돌아다니면서 돈의 가치가 뚝뚝 떨어졌지. 돈이 얼마나 흔한지 길거리의 돌멩이만도 못한 취급을 받았어. 돈을 한 바구니 가득 들고 가야 겨우 빵 하나를 살 수 있었고, 심지어는 돈으로 방을 도배를 하는 사람도 있을 정도였어. 벽지 값이 너무 비싸 차라리 지폐로 도배를 하는 편이 나을 정도였거든. 나중에는 땔감으로 쓸 나무가 너무 비싸 그냥 지폐를 땔감으로 쓸 정도였지.

좀 더 실감나게 이해하고 싶다면, 만 원짜리나 오만 원짜리 지폐 다발로 불을 피워 방 안을 따듯하게 하는 모습을 상상해 봐. 아무리 춥다고 해도 쉽지 않은 일이지. 하지만 당시 독일에서는 이런 어처구니없는 일이 흔하게 일어났어.

지폐의 가치는

날마다 조금씩 달라져.

어제는 1달러가 우리 돈으로 1,190원이었다면 오늘은 이보다 높을 수도 있고 낮을 수도 있어. 하지만 전쟁 같은 위기가 닥치면 평소보다 큰 폭으로 요동치지. 실제로 2022년 러시아가 우크라이나를 침공해 전쟁이 일어나자 러시아의 돈인 **루블화**의 가치가 절반으로 뚝 떨어지기도 했어.

보통 한 나라의 돈이 지닌 가치를 평가할 때 기준이 되는 것은 미국의 달러야. 달러와 교환할 때 어느 정도 가치를 인정받느냐에 따라 돈의 가치가 높아졌다고 하기도 하고, 낮아졌다고 하기도 하지.

달러가 세계 화폐의 기준이 된 것은 두 번의 세계대전을 거치면서 미국의 힘이 커졌기 때문이야.

미국은 핵무기를 개발해 제2차 세계대전을 승리로 이끌며 전쟁을 끝냈어. 이후 미국은 풍부한 자원과 우수한 인재들을 활용해 세계 경제를 이끌기 시작했지.

사실 유럽 대륙이 두 번의 세계대전을 치르며 황폐해질 동안 미국은 무기와 물자를 공급하며 많은 돈을 벌었어. 덕분에 세계에서 가장 많은 금을 보유한 국가로 성장했고, 핵무기 개발에 필요한 인재들을 모아 전쟁에서 이길 수 있었지.

전쟁이 끝난 후에는 국제회의를 열어 미국의 달러가 세계의 **기축통화**가 되도록 강하게 밀어붙였어. 기축통화가 되었다는 것은 미국을 제외한 다른 나라들이 달러를 기준으로 화폐의 가치를 정하도록 만들었다는 뜻이야.

이후 미국은 달러의 위치를 더욱 확실하게 다지기 위해 새로운 아이디어를 떠올렸어. 1974년 당시 사우디아라비아는 세계에서 가장 많은 석유를 생산하는 나라였는데 미국은 사우디아라비아를 설득해 비밀협정을 체결한 거야. 어떤 나라든 사우디아라비아로부터 석유를 수입해 가려면 달러로 돈을 내야 한다는 협정이었지. 사우디아라비아는 이 협정에 따라 석유를 사가려면 원화도, 엔화도, 위안화도 아닌 달러화만 가능하다고 선언했어.

이때부터 어떤 나라든 달러가 없으면 사우디아라비아의 석유를 살 수 없었어. 이 때문에 많은 나라들은 너도 나도 달러를 원하게 되었고, 덕분에 달러는 강력한 기축통화로서 자리를 잡게 되었지.

5

돈이 컴퓨터를 만나면?

전자화폐

1950년 미국의 사업가 **프랭크 맥나마**는 어느 날 식당에서 점심을 먹고 나오다가 크게 당황했어. 계산대 앞에서 지갑을 꺼내려고 주머니에 손을 넣었는데, 주머니가 텅 비어 있었기 때문이야. 그날 따라 일을 너무 열심히 했던 탓인지, 아니면 배가 너무 고팠던 탓인지 지갑을 깜박 했다는 사실을 알게 되었지.

　다행히 맥나마는 그 식당의 단골손님이었어. 주인은 나중에 달라고 하며, 맥나마가 마음 편히 식당 문을 나설 수 있게 해 주었지. 만일 맥나마를 모르는 식당 주인이었다면 큰 창피를 당했을 거야. 맥나마는 어떻게 하면 다른 사람들이 자신처럼 난처한 일을 겪지 않을 수 있을까 고민하게 되었어. 그는 주변 식당의 주인과 고객이 서로 믿으며 신용을 바탕으로 **거래**할 수 있도록 만들고 싶었지.

　그가 생각한 방법은 식사를 할 때마다 고객이 가지고 다니는 카드에 기록한 뒤 나중에 식사비를 한꺼번에 지불하는 것이었지. 바로 **신용카드**였어. 맥나마는 신용카드를 사용할 회원과 식당을 모아 식사비 지불이 잘 이루어지도록 관리해 주고, **수수료**를 받았어. 처음엔 14개 정도

의 식당이 이용했지만 차츰 식당 수가 늘어났지. 현금을 들고 다니지 않아도 물건을 사거나 서비스를 이용할 수 있기 때문에, 신용카드는 큰 인기를 끌었어. 지폐의 뒤를 이어 신용카드가 새로운 화폐로 인정받게 된 거야.

화폐의 발달은 기술 발달과도 맞닿아 있어.

처음에는 바다에서 주운 **조개껍데기**를 화폐로 썼지만, 금속을 캐내어 제련하는 기술이 발달하면서 금화, 은화, 동화를 쓰게 되었지. 그리고 종이를 만들고 인쇄하는 기술이 발달하면서 지폐를 썼고, 플라스틱을 만들 수 있게 되자 신용카드를 비롯한 다양한 카드가 새로운 화폐로 등장했어.

사실 카드가 널리 쓰일 수 있도록 만들어준 것은 컴퓨터와 **통신 기술**의 힘이 컸어. 만약 이 두 가지가 없었다면 신용카드는 지금처럼 널리 쓰이지 못했을 거야.

맥나마가 처음 신용카드를 만들고, 회원을 모집하던 1950년대는 미국의 공공기관에 컴퓨터가 도입되던 시기였어. 컴퓨터는 신용카드 사용 대금을 계산하는 데 꼭 필요한 도구였지. 컴퓨터는 복잡한 계산을 위한 기계로 처음 만들어졌지만 계산 결과를 저장하는 능력도 가지고 있어서 다양한 분야에 쓰이게 되었어.

오늘날에는 신용카드 회사도 많지만, 카드를 사용하는 회원들과 **가맹점**도 어마어마하게 많아. 하루종일 이들 사이에 이루어지는 거래 횟수는 셀 수 없을 정도지. 그런데 놀랍게도 매달 받는 카드 요금청구서에는 그동안 사용한 액수가 하나도 빠지지 않고 정확히 계산되어 있어. 만일 카드 회사 직원이 이것을 하나하나 계산해야 했다면, 보통 일이 아니었을 거야. 누가 어디서 어떻게 카드를 사용했는지를 추적하는 것도 쉬운 일은 아니지. 이런 일이 가능해진 것은 컴퓨터가 널리 보급되어 인터넷으로 서로 연결되었기 때문이야.

고객의 신용카드 사용 정보는 고속 인터넷을 통해 카드 회사의 중앙컴퓨터로 보내지고, 이 정보는 컴퓨터의 기

억장치에 정확히 기록돼.

  그러면 컴퓨터는 기록된 액수를 모두 더한 뒤, 그 결과를 역시 인터넷을 통해 은행의 중앙컴퓨터로 보내면 은행의 컴퓨터는 정해진 날짜에 고객의 은행계좌에서 대금이 빠져나가도록 하는 거야.

컴퓨터는 우리의 소비 생활에 정말 큰 영향을 끼쳤어.

  많은 사람들이 인터넷 속의 가상시장인 <u>온라인 쇼핑몰</u>에서 물건을 사게 되었기 때문이야. 인터넷을 통해 물건을 구입할 때는 신용카드 번호와 비밀번호만 입력하면 지불이 끝나. 지갑에서 지폐를 꺼내 세거나 거스름돈을 계산할 필요도 없지. 게다가 원하는 물건이 집 앞까지 배달되므로, 멀리 물건을 사러 나가거나 무거운 것을 힘들게 집으로 들고 올 필요도 없어.

  요즈음은 아파트 관리비, 전기 요금이나 수도 요금, 통신비 같은 공공요금도 신용카드로 낼 수 있어. 또 특정한 카드를 차 안에 끼워 두면 차를 세우지 않고 고속도로의 통행료를 지불할 수 있지. 이것은 컴퓨터에 쓰이는 **반도체 칩**이 카드 안에 들어 있고, 이 칩에 고속도로 사용 정보가 저장되기 때문에 가능한 일이야. 고속도로 톨게이트에서는 카드의 칩에 담긴 사용 정보를 **무선통신**으로 읽어낸 뒤, 컴퓨터가 알맞은 요금을 계산해 청구하도록 하는 거지.

요금을 미리 충전하는 **교통카드**는 **선불제 카드**이고, 신용카드는 **후불제 카드**야. 후불제는 신용카드 회사가 대금을 미리 내 주고, 그 다음달에 정해진 날짜에 은행 계좌에서 돈을 빼내 가. 즉 신용카드로 물건을 사게 되면, 카드 회사에 물건 값을 빚지는 것이나 마찬가지야. 카드 회사는 정해진 날짜가 되면 회원으로부터 수수료(연회비)와 함께 카드대금을 돌려받을 수 있다는 것을 믿고, 돈을 미리 내 주는 거지.

그런데 신용카드를 사용하려면, 카드와 연결된 은행계좌가 필요해. 만일 은행에 계좌가 없거나 평소 계좌의 잔

액이 부족해 카드 대금을 내지 못한 사람은 카드 사용이 정지되거나 아예 발급받지 못해. 이런 사람은 카드 회사가 빚을 갚을 능력이 없다고 보기 때문이야. 이처럼 현대 사회는 은행의 계좌에 기록된 숫자로 신용을 평가받는 방향으로 변해 가고 있어.

사실 은행의 내 계좌에 있는 돈은 실물 지폐가 아니야. 예를 들어 은행 계좌에 100만원 들어 있다고 해도 은행 어딘가에 내 금고가 있고, 그 안에 실제로 만 원짜리 지폐 100장이 차곡차곡 쌓여 있지는 않아. 다만 은행의 컴퓨터가 내 자산을 **숫자**로 기록해 보관하고 있을 뿐이지. 하지만 그렇다고 은행을 찾아가 "내 재산이 숫자에 지나지 않는다고요? 당장 실물화폐로 내놓으세요!"라고 따지는 사람은 아무도 없어. 이제 사람들은 자신이 가진 돈을 실물화폐가 아니라 은행의 컴퓨터에 저장된 숫자로 받아들이는 데 익숙해졌거든. 그만큼 은행을 믿고 있기 때문이지.

컴퓨터 덕분에 우리는 신용카드를 현금처럼 쓰게 되었고, 더 나아가 은행에 맡겨놓은 돈을 숫자 기록으로 언제

든 확인할 수 있게 되었어. 스마트폰을 사용하면서는 더 편해졌지. 스마트폰 화면에서 필요한 돈의 액수만큼 숫자를 누르고, 비밀번호 몇 개만 더 누르면 물건을 살 수 있게 되었으니까.

게다가 은행 계좌와 연결된 '○○페이'를 쓰면 현금은 물론이고, 신용카드마저 들고 다니지 않아도 돼. 특히 온라인 쇼핑몰에서 물건을 사거나 음식을 배달시킬 때는 '○○페이'를 쓰면 정말 편리해. 신용카드를 쓸 때처럼 카드번호를 누를 필요도 없어. 미리 설정해 놓은 비밀번호 대여섯 개만 누르면 연결된 계좌에서 물건 값이나 음식 값이 빠져나가거든. 조금 있으면 집 앞으로 음식이 배달되거나 택배로 물건을 받게 돼.

이처럼 컴퓨터나 스마트폰에서 숫자로 표시되는 돈을 디지털화폐나 전자화폐라고 해. 전자화폐라는 말은 1990년대부터 쓰이기 시작했어. 보통은 은행 계좌에 들어 있는 돈을 온라인에서 화폐처럼 사용할 때 전자화폐를 쓴다고 하는데, 전자화폐가 사람들에게 널리 쓰이게 된 것은 코로나 19 바이러스가 세계적으로 유행하고 나서부터야. 사람들이 바이러스에 감염될까 봐 현금과 카드를 주고받는 일을 꺼렸기 때문이지. 대신 그동안 쓰지 않던 전자화폐를 사용하는 사람들이 늘어났어.

신용카드나 전자화폐에 연결된 은행 계좌에 기록된 숫자는 은행에 맡겨둔 자산을 컴퓨터가 기록하고 있는 거야.

물론 언제든 현금으로 찾을 수는 있지만, 꼭 필요한 경우가 아니면 그런 일은 하지 않아. 물건을 사거나 서비스를 받을 때 반드시 현금으로 지불할 필요가 없으니까. 게다가 전자화폐는 지폐나 카드처럼 만질 수 있는 실체가 없는데도 현금과 똑같은 가치를 제공해 주지. 그래서 눈에 보이지 않는 돈이라고도 하고, 가상화폐라고도 해. 은행 계좌와 컴퓨터를 통해 연결된 가상화폐는 나중에 암호화폐라는 새로운 돈으로 발전하게 돼.

6

돈에도 암호가 필요해

암호화폐

만일 누군가의 생활을 알고 싶다면, 가장 빠른 방법은 은행이나 신용카드 회사의 컴퓨터에 저장된 거래 기록을 조사하는 거야. 특히 **신용카드 사용내역**을 보면, 그 사람이 주로 어떤 식당을 다니고 어떤 병원에서 치료를 받으며, 어떤 취미를 즐기는지 알 수 있어. 주말마다 극장을 찾는 영화광인지, 틈만 나면 전국 맛집을 찾아다니는 미식가인지도 금방 드러나지.

실제로 **아마존**처럼 전 세계적으로 운영되는 온라인 쇼핑몰 회사는 고객의 거래내역에 대한 자료를 꼼꼼히 관리해. 이 자료를 **인공지능**이 분석해서 고객이 아마존 홈페이지를 찾아올 때마다 첫 화면에 좋아할 만한 상품을 보여 주는 거야. 평소 자동차 관련 용품을 많이 사는 사람이 아마존을 클릭하면 신차 광고가 뜨는 것을 볼 수 있을 거야. 이것은 아마존이 고객의 거래 기록을 통해 관심 분야를 알아두었기 때문에 가능한 일이지.

그런데 자신이 어디에 어떻게 돈을 쓰는지가 훤히 드러나는 것을 싫어하는 사람도 있어. 개인의 자유를 중요하게 생각하는 사람들이지. 자유를 지키는 데 민감한 사람

들은 역사를 발전시키는 원동력이기도 해. 시민들이 귀족의 지배를 받지 않고 자유롭게 각자의 직업을 가질 수 있게 된 것도, 여자가 남자와 동등하게 교육 받고 정치에 참여할 수 있게 된 것도 모두 자유에 대한 권리를 포기하지 않고 저항한 사람들 덕분이니까. 이들은 개인이 정부나 권력자의 감시를 받지 않고 자유롭게 살아가는 사회를 만드는 데 많은 영향을 미쳤지.

1989년 새로운 전자화폐를 개발한 **데이비드 차움**도 자유를 아주 소중하게 생각하는 사람이었어. 그는 대학에서 컴퓨터 공학을 공부하면서 점점 더 많은 사람들이 현금 대신 신용카드를 사용하는 것을 보고 두려움을 느꼈어. 좀 더 정확히 말하면, 카드 회사의 컴퓨터에 개인의 카드 사용 내역이 차곡차곡 저장된다는 사실이 아주 불편했지.

만일 누군가 이 기록을 빼낸다면, 어떤 사람이 어떤 음식을 좋아하고, 돈을 얼마나 벌고, 어디가 아픈지 등 아주 개인적인 정보까지 손쉽게 알아낼 수 있기 때문이야.

자신이 성형했다는 사실을 감추고 싶은 아이돌 스타가

있다고 상상해 봐. 기자들에게 성형을 하지 않았다고 거짓말을 할 수는 있지만, 몇 년 동안 성형외과를 다니며 카드로 병원비를 지불한 기록을 지울 수는 없어. 누군가 이런 기록을 보고 수술하기 전 사진을 찾아내 폭로한다면 얼마나 힘들까? 성형을 한 것이 잘못은 아니지만, 거짓말을 했기 때문에 많은 팬들이 떠나고 말 거야.

차움은 개인의 사생활을 추적할 수 있는 컴퓨터 시스템이 사람들을 교묘하게 지배해서는 안 된다고 생각했어.

현금을 쓸 때는 추적할 수 없었던 사생활이 신용카드 사용 추적으로 드러나는 것을 막고 싶었던 거지.

또 정부처럼 힘이 센 조직이 기록을 들여다 보며 개인의 활동을 제한하려 든다면, 누구도 맞서기 어려울 것 같았거든. 그래서 컴퓨터에 사용기록이 남아도 누가 쓴

것인지를 비밀로 유지할 수 있는 전자화폐를 만들려고 했어.

차움은 **암호학** 분야의 세계적인 전문가였어. 암호란 비밀을 일부 사람들에게만 공개하는 숫자나 기호를 뜻해. 특정한 숫자나 기호로 된 암호를 모르는 사람들은 암호가 걸려 있는 정보에 접근할 수 없지.

차움은 전자화폐에 **암호 프로그램**을 적용해야겠다고 생각했어. 암호를 아는 사람끼리만 화폐를 주고받고, 기록을 볼 수 있도록 하기 위해서였어. 노력 끝에 그는 최초의 암호화폐를 개발하는 데 성공했지.

차움이 개발한 암호화폐는 신용카드나 다른 전자화폐와 달리 돈을 쓰는 사람의 비밀을 철저하게 보장해 줘. 마치 현금을 쓸 때처럼 암호화폐를 쓰는 사람이 누구인지 알 수 없도록 말이야.

점심을 먹고 식당 계산대에서 암호화폐로 음식 값을 내면 식당 컴퓨터는 은행 컴퓨터에 접속해 그 화폐가 진짜인지를 확인하지. 지금 돈을 쓰고 있는 사람이 누구인지는 비밀로 유지되고 암호화폐가 진짜인지만 확인하고 계

산이 끝나는 거야. 현금을 지불할 때 가게 주인이 내가 누구인지 모르는 것과 마찬가지지.

그런데 차움의 생각과 달리 사람들은 암호화폐에 별로 관심을 보이지 않았어. 신용카드를 사용하면 거래내역을 추적당할 수도 있고, 연회비 같은 수수료도 내야 하는데도 말이야. 그 이유는 신용카드가 있으면 현금을 가지고 다니지 않아도 되어서 편리하고, 일단 카드 회사에서 돈을 미리 내 준다는 점이 좋았기 때문이야. 물론 카드 요금이 청구되는 날까지는 갚아야 하지만.

차움의 아이디어는 시대를 너무 앞서갔던 거였어. 당시는 20세기였고, 컴퓨터 화면에 숫자로만 나타나는 암호화폐를 돈으로 믿어 주는 사람들은 별로 없었지. 화폐는 가치를 믿어 주는 사람들이 많을 때만 쓰일 수 있는데 그러지 못했던 거야.

차움의 암호화폐가 널리 쓰이지 못한 원인에는 기술적인 문제도 있었어.

자신의 은행 계좌의 현금을 암호화폐로 바꾸어 상점의 계좌로 옮겨 돈을 지불하려면 컴퓨터가 필요해. 하지만 식당이나 백화점에서 암호화폐로 계산하기 위해 컴퓨터를 가지고 다닐 수는 없었지. 당시에는 스마트폰처럼 누구나 들고 다닐 수 있는 초소형 컴퓨터가 없었거든.

　또 암호화폐를 현금 주고받듯이 편하게 쓰려면 인터넷 통신 속도가 끊김 없이 빨라야 하는데, 그 기술도 부족했어. 암호화폐를 위한 프로그램은 개발되었지만, 프로그램이 잘 돌아가도록 도와주는 기술은 뒷받침되지 못했던 거야.

1

컴퓨터로 금을 캔다고?

최초로 개발한 암호화폐의 가장 큰 장점은 화폐를 쓰는 사람이 누구인지 모르게 해 준다는 점이야.

비록 널리 쓰이지는 못했지만 사용자의 개인정보를 지켜 주는 전자화폐의 등장은 많은 프로그래머들의 관심을 끌었어.

반면 가장 큰 문제점은 컴퓨터가 만든 돈이기 때문에 해킹을 당할 수 있다는 것이었어. 해커가 복사하기 기능으로 무한 복제해 가짜 암호화폐를 만들어 쓴다면 큰일이지. 그래서 차움은 암호화폐가 진짜 돈인지 복사된 가짜 돈인지를 은행이 판별할 수 있도록 프로그램을 짰어.

하지만 여전히 문제는 남아 있었어. 암호화폐를 관리하는 은행이 해킹당하거나 은행원이 나쁜 마음을 먹는다면 어떻게 될까? 은행원이 고객의 돈을 빼돌려서 문제가 되는 사건은 지금도 종종 벌어지고 있으니 암호화폐라고 해서 이런 범죄를 피해가기는 쉽지 않겠지. 암호화폐를

관리하는 은행원이 컴퓨터에서 숫자를 바꿔 버린다면 정말 큰일이겠지?

 이런 사고를 막기 위해 2008년 일본의 **사토시 나카모토**는 특별한 방법을 생각해 냈어. 암호화폐를 복제하거나 거래기록을 위조하지 못하도록 철저하게 막는 프로그램을 만든 거야. 이 프로그램의 이름이 바로 **블록체인**이지.

 블록체인을 쉽게 이해하기 위해 원시 부족의 이야기를 예로 들어 볼게. 깊은 숲속에 사는 부족 마을에는 돈도 시장도 은행도 없어. 곡식이 부족하면 농사가 잘 된 이웃에게 빌렸다가 다음 해 추수 때 갚았지. 곡식을 빌릴 때는 빌린 양과 이자로 갚을 양을 돌멩이에 새겨 놓았는데 가끔 문제가 생기기도 했어. 돌멩이에 새긴 내용을 바꾸어 곡식 10자루를 빌려간 사람에게 15자루를 갚으라는 식으로 사기를 치는 사람이 있었거든. 심지어 곡식을 빌려 간 적이 없다고 잡아떼는 사람도 있었지.

 해마다 다툼이 많아지자 족장은 새로운 규칙을 만들었어. 빌려 간 내용을 새긴 돌멩이를 자기 집에 보관해 주고, 그 대가로 곡식을 조금 받기로 한 거야.

족장의 아이디어 덕분에 이 마을은 몇 년 동안 다툼 없이 평화롭게 지냈어. 그런데 어느 해부터인가 다시 문제가 생겼어. 욕심 많은 부자가 족장에게 뇌물을 주고 돌멩이의 내용을 바꾸었거든. 평소 자신과 사이가 나쁜 이웃 남자를 골탕 먹이기 위해서였어. 곡식 50자루를 빌려갔는데, 60자루라고 새긴 돌멩이로 바꾸어놓았지.

풍년이 들어 기분 좋게 곡식을 갚으러 갔던 이웃은 돌멩이의 내용이 바뀐 것을 보고 항의했어. 하지만 족장과 부자는 한통속이 되어 당장 곡식 60자루를 갚지 않으면 마을에서 쫓아내겠다고 으름장을 놓았지.

이미 오래 전부터 부자는 족장과 한통속이 되어 이렇게 사람들을 괴롭히고 있었어. 특히 두 사람의 말을 잘 듣지 않는 사람들을 더 괴롭혔지. 하지만 마을에서 쫓겨날까 봐 제대로 항의를 하는 사람은 없었어.

부자와 족장에게 당하며 점점 더 가난해진 사람들의 불만은 커질 대로 커졌어. 자신이 빌린 곡식보다 10자루나 더 갚게 된 이웃 남자는 피해자들이 많다는 것을 알게 되었어. 계속 이렇게 당하고 사느니 차라리 자신이 족장이

되어 마을을 바꾸어 보겠다고 생각했지. 그리고 평소 족장에게 불만이 많던 사람들을 모아 족장의 집에 들이닥쳤지. 집 안에는 기록을 위조 중이던 돌멩이들이 굴러다니고 있었어.

사람들은 부자와 족장을 마을에서 내쫓고, 새로운 족장을 뽑은 뒤 규칙을 정했어. 앞으로는 누구든 곡식이나 가축을 빌릴 때 그 내용을 새긴 돌멩이 여러 개를 만들어 집집마다 나누어 갖기로 한 거야. 만일 누군가 기록을 바꾸려면 집집마다 찾아다니며 집안 깊숙이 감추어 놓은 돌멩이를 모두 찾아내 조작해야만 되도록 말이야.

마을 사람들 전체가 마법에 걸려 잠들지 않는 이상 거의 불가능한 일이지. 이후 마을에서는 기록을 바꿔 다른 사람의 재산을 빼앗아가는 사건은 더 이상 일어나지 않았어.

사토시 나카모토가 개발한 블록체인은 이 부족민의 지혜와 비슷해. 거래기록을 참가자 모두가 나누어 가지는 구조거든. 아, 사토시 나카모토라는 이름은 가명이고, 이 사람이 누구인지는 아직 밝혀지지 않았어.

우선 블록체인이란 말부터 자세히 설명해 볼게.

블록체인이란 '거래기록이 저장된 블록이 줄줄이 체인처럼 연결된 구조'란 뜻이야.

블록체인에서는 화폐를 주고받는 거래가 일어날 때마다 거래내역을 기록하기 위해 새로운 블록이 생겨. 이때의 화폐는 인터넷 같은 통신망을 통해서만 거래되는 전자화폐이고, 암호를 아는 사람들만 주고받을 수 있는 암호화폐여야 해. 그리고 새로운 거래로 생겨난 블록은 반드시 앞에 있던 블록에 연결되도록 되어 있지.

이렇게 줄줄이 연결된 블록을 블록체인에 참가한 사람들이 모두 똑같이 가지고 있어. 그리고 그 안에는 지금까지 일어난 모든 거래의 기록이 담겨 있고, 참가자라면 누구나 이 기록을 들여다 볼 수 있어. 만일 나쁜 마음을 먹은 사람이 블록을 해킹해 조작하려 한다면, 참가자들이 가지고 있는 블록을 전부 바꿔야 해.

　마치 원시부족 마을에서 집집마다 보관하고 있는 돌멩이를 찾아내 모두 위조해야 하는 것처럼 말이야. 아마 위조범은 돌멩이 한두 개를 고치는 사이에 들키고 말 거야. 마찬가지로 블록체인의 기록도 위조가 거의 불가능해. 이런 장점 때문에 스웨덴 같은 몇몇 국가에서는 국민의 토지 소유 기록을 블록체인에 저장하고 있어.

　다시 원시부족 마을 이야기로 돌아가 볼게. 새롭게 뽑힌 족장은 마을 사람들에게 아주 인기가 많았어. 기록이 담긴 돌멩이를 위조하지 못하도록 막아 주었을 뿐 아니라 돌멩이를 보관하는 대가도 받지 않았거든. 쫓겨난 족장은 거래 기록이 담긴 돌멩이를 맡아 주고, 부족 사람들로부터 수수료를 받았어. 하지만 새로운 족장은 이런 수수료 제도를 없애 버렸지. 이제는 자신만이 아니라 집집마다 똑같은 기록을 보관하고 있기 때문에 수수료를 받을 이유가 없었던 거야.

　블록체인 구조에서도 마찬가지야. 블록체인에는 화폐를 맡아 주고 거래기록을 보관해 주는 은행이 없어. 보통

온라인으로 현금을 보낼 때는 은행이 중간에서 한 사람의 계좌에서 돈이 빠져나가 다른 사람의 계좌로 들어가는 과정을 감독해. 그리고 이 과정이 정확하게 이루어졌다는 것을 보증해 주지.

하지만 블록체인 참가자들은 은행을 거치지 않고 직접 화폐를 주고받아.

모두가 하나의 작은 은행이 되어 똑같이 기록을 관리하는 거야. 따라서 아무리 큰돈을 주고받아도 블록체인에서 거래할 때는 수수료를 한 푼도 내지 않지. 더욱 좋은 것은 새로운 거래내역이 담긴 블록이 추가될 때마다 암호화폐를 보상으로 받는 사람이 생긴다는 사실이야.

블록체인에 새로운 블록을 연결하려면 컴퓨터로 복잡한 계산문제를 풀어야 해. 이것은 새로운 블록에 담길 거래내역이 올바르다는 것을 확인하는 과정이기도 해. 즉 거래 정보에 걸려 있는 암호를 컴퓨터로 푸는 과정이고,

암호를 푸는 데 성공하면 새로운 블록이 만들어져. 그리고 참가자들 중 절반 이상이 새로운 블록에 담길 거래 정보가 올바르다는 것을 확인해 주어야 해. 이 과정이 끝나면 새로운 블록은 누구도 위조할 수 없는 기록으로 블록체인 안에 남게 되지.

그런데 이런 계산과정이 무척 어렵기 때문에 가장 먼저 문제를 푼 사람에게 보상으로 암호화폐가 지급되는데 이 암호화폐의 이름이 <u>비트코인</u>이야. 즉 비트코인은 블록체인에서 새로운 블록을 추가하는 일에 성공한 사람이 받는 보상이지. 비트코인은 블록체인이 시작된 이후 거의 10분마다 1개씩 꾸준히 발행되고 있어.

처음에는 새로운 비트코인을 받는 일이 어렵지 않았어. 하지만 비트코인을 가지고 싶어 하는 사람들이 갑자기 많아지면서 경쟁이 치열해졌지. 심지어 다른 사람이 받은 비트코인을 현금을 주고 사려는 사람들도 생기기 시작했어.

비트코인이 화폐이기는 하지만 아직 받아 주는 상점은 거의 없기 때문에 현금처럼 사용하기는 어려워. 그런데

도 가지고 있으려는 사람들이 많아지자, 이것을 사고파는 **암호화폐 거래소**가 생기게 되었지. 마치 우리가 금으로 상점에서 물건을 살 수는 없지만, 금 1그램만 가져가도 금 거래소에서 7만 원이 넘는 현금을 주는 것과 같아.

암호화폐 거래소에서 사고파는 비트코인은 매일 달라지는 금값처럼 가격이 수시로 달라져.

비트코인은 잘 알려지지 않았던 10여년 전보다 가격이 몇 백 배나 올랐기 때문에 **디지털 금**이라는 별명도 얻었지. 그리고 블록체인 참가자들이 컴퓨터로 열심히 계산을 해서 비트코인을 보상으로 받는 과정을 **채굴**(마이닝)이라고 불러. 열심히 계산하면, 디지털 금인 비트코인을 얻을 수 있기 때문이야.

비트코인 채굴에 필요한 계산은 컴퓨터가 해. 그런데 문제의 난이도가 점점 어려워지고 있어서 이제는 아주

성능이 뛰어난 컴퓨터만 채굴에 참여할 수 있어.

　게다가 이런 고성능 컴퓨터를 작동시키려면 많은 전력이 필요하기 때문에 개인은 도전하기는 어렵지. 요즈음은 전력 값이 싼 나라에 채굴 공장을 짓고, 채굴 전용 컴퓨터를 수만 대 돌리며 비트코인을 캐는 회사들도 있어.

8

국가가 만드는 암호화폐

비트코인은 블록체인에서 만들어지는 암호화폐야. 이제까지 우리가 쓰는 화폐는 각 나라의 중앙은행에서 만든 원, 달러, 엔, 위안 같은 법정화폐였지. 그런데 비트코인은 어느 나라 사람인지 국적도 밝혀지지 않은 사토시 나카모토가 처음으로 만들어 전 세계 사람들이 함께 쓰고 있어.

비록 어떤 나라의 정부도 비트코인의 가치를 보장해 주지는 않지만, 사람들이 너도나도 비트코인을 사려고 하는 바람에 지난 몇 년 사이에 가격이 놀라울 정도로 치솟았어. 그렇다면 왜 사람들은 이토록 비트코인을 가지고 싶어 하는 것일까?

우리가 쓰는 현금인 법정화폐는 나라에서 가치를 보장해 주니까 믿을 수 있어. 하지만 각 나라의 경제 상황에 따라 가치는 수시로 변해. 특히 전쟁이라도 나면 돈의 가치는 하루아침에 절반 가까이 떨어지기도 하지.

2022년 2월 러시아·우크라이나 전쟁이 일어났을 때도 러시아 사람들은 큰 두려움을 느꼈어. 러시아의 법정화폐인 루블화의 가치가 하루아침에 폭락했기 때문이야. 5루

블에 살 수 있던 물건을 두 배인 10루블 가까이 주어야 살 수 있게 되자, 사람들은 전쟁과 상관없이 가치가 유지되는 자산을 찾기 시작했어. 그리고 암호화폐인 비트코인을 법정화폐인 루블화보다 안전하다고 생각하고 사들였지. 그 바람에 한동안 비트코인 가격이 다시 오르기도 했어.

비트코인은 블록체인이 만들어내기 때문에, 전쟁에 크게 영향을 받지 않아.

다만 전 세계적으로 비트코인을 원하는 사람이 많아지면 가격이 올라가고, 원하는 사람이 적어지면 내려갈 뿐이야. 전 세계에서 사용할 수 있으므로 전쟁을 피해 다른 나라로 피난을 가더라도 그 나라의 돈으로 바꾸어 쓸 수 있어. 마치 달러를 대부분의 나라에서 사용할 수 있는 것이나 마찬가지야.

게다가 수수료 없이 어디든 빠르게 송금할 수도 있고. 돈을 보내는 사람의 정체도 드러나지 않아. 보통 은행을 이용하면 보내는 사람과 받는 사람의 신분을 확인하고, 수수료를 뗀 뒤 돈을 이체시켜 주지만, 블록체인에선 그런 과정이 필요 없어.

거래를 원하는 사람들끼리 자신의 암호화폐를 담아두는 **전자지갑** 주소(은행의 계좌 번호와 비슷한 것)를 알려 주고, 직접 암호화폐를 주고받으면 돼. 또 은행을 거치지 않기 때문에 은행 영업 시간이 아니어도 컴퓨터나 스마트폰만 있으면 언제든 송금할 수 있어.

이런 여러 가지 이유들 때문에 비트코인은 인기를 끌었고, 전 세계적으로 다양한 암호화폐가 개발되기 시작했어. 대표적인 것으로는 **이더리움**, **리플**, **비트코인캐시**, **라이트 코인**, **네무** 등이 있어. 이중에서 우리가 주목해야 할 것은 이더리움이야.

지금부터는 10대 독자들이 귀가 솔깃해질 이야기를 해 줄게. 러시아계 캐나다 사람인 **비탈릭 부테린**이 이더리움을 개발한 나이는 겨우 19살이었어. 부테린은 어릴 때부

터 수학, 코딩, 경제학, 온라인 게임에 관심이 많았지. 10살 때는 직접 간단한 게임을 만들 정도로 코딩 실력이 뛰어났어. 그리고 비트코인을 만들어내는 블록체인 구조에 대해 공부한 뒤 잡지에 글을 보낼 정도로 새로운 변화에도 적극적이었지.

15살 무렵 부테린은 몇 년 동안이나 즐겨하던 온라인 게임에서 자신이 좋아하는 캐릭터의 기능이 갑자기 사라진 것을 발견했어. 부테린은 게임 사용자들의 의견을 무시하고, 중앙에서 관리자가 마음대로 프로그램을 바꾸었다는 사실에 충격을 받았지. 그리고 이때부터 관리자나 해킹범이 프로그램을 함부로 위조할 수 없는 구조에 관심을 가지게 되었어. 참가자들의 합의가 없으면, 그 누구도 데이터를 위조할 수 없는 구조를 꿈꾸게 된 거야.

부테린은 블록체인이 자신의 바람에 딱 들어맞는다는 사실을 알게 되었지. 그리고 블록체인 기술이 암호화폐를 거래하는 데만 쓰이는 게 아까웠어. 그래서 화폐가 아니라 특정한 프로그램을 블록체인에 저장하고, 이것을 누구도 변조할 수 없게 만들어보아야겠다고 생각했지.

예를 들어 정해진 조건이 되면, 계약이나 거래가 자동적으로 이루어지는 프로그램을 블록체인 구조 안에 집어넣는 상상을 해 본 거야. 이것은 프로그램을 코딩할 때 '어떤 조건에서 어떤 일이 반복되도록' 하는 명령문을 넣으면 돼. 물론 복잡한 블록체인 구조에 이런 기능을 첨가하는 것은 쉽지 않은 일이지. 하지만 부테린은 결국 이 일에 성공했고, 자신이 만든 새로운 블록체인의 이름을 이더리움이라고 부르기로 했어.

만일 이더리움에서 '500원을 입금하면 사과 1개를 발송한다'라는 계약이 실행되도록 하면 어떻게 될까? 이것은 이더리움이란 블록체인에 기록된 계약이라 누구도 위조할 수 없어. 다시 말해 이더리움에서 사과 장사를 하려는 사람은 갑자기 사과를 600원으로 올릴 수도 없고, 500원이 입금되었는데 사과를 발송하지 않은 채 자기가 먹어 버릴 수도 없어. 이더리움에서 체결한 계약은 컴퓨터가 관리하기 때문에 창고에 사과가 있다는 것을 확인하고 돈을 받은 뒤 자동으로 발송되거든.

보통 우리가 온라인 쇼핑몰에서 물건을 사고팔 때는 사

람이 관리하고, 만일 제대로 하지 않으면 법적인 처벌을 받아. 하지만 이더리움과 같은 블록체인이 관리하는 계약에선 사람이 참견할 여지를 주지 않지.

만일 창고에 있는 사과를 사람이 먹어 버려 발송할 조건이 되지 않으면, 아예 처음부터 입금을 받지 않아. 따라서 물건을 받았느니 못 받았느니 하면서 다투거나 법적으로 고소할 필요도 없어. 컴퓨터가 사람을 능가하는 똑똑함을 보여 주는 좋은 예라고 할 수 있지.

이더리움이라는 블록체인 구조에서 자동으로 이루어지는 계약은 **스마트 계약** 혹은 **스마트 컨트랙트**라고 해. 굳이 우리말로 옮기자면 '똑똑한 계약'이라고 할 수 있어. 현재 스마트 계약은 다양한 분야에서 응용되고 있는데 특히 뒤에서 이야기하게 될 메타버스는 스마트 계약 없이는 유지되기 어렵지.

이더리움도 참가자들에게 보상으로 암호화폐를 주는 블록체인이야. 이 암호화폐의 이름 역시 이더리움이지. 이더리움은 비트코인 다음으로 널리 쓰이고. 비트코인처럼 처음 발행되었을 때보다 가격이 크게 올라, **디지털 은**

이라 불리게 되었어. '디지털 금'이라 불리는 비트코인에 견줄 만하다고 생각했기 때문일 거야.

물론 비트코인이나 이더리움 같은 암호화폐는 아직 물건 값을 치르거나 서비스 요금을 내는 데 쓰이지는 못해. 이 돈을 받아주는 상점이 거의 없기 때문이야. 어떤 나라든 시장이나 상점의 주인들이 받아주는 돈은 대부분 그 나라의 법정화폐뿐이지.

물론 자국의 법정화폐가 불안한 북한에선 달러나 위안화가 시장에서 주로 쓰인다고 해. 하지만 대부분의 국가에선 세금과 공과금을 내고 생활비를 쓰려면, 그 나라의 법정화폐가 필요해.

그런데 만일 법정화폐로 발행된 암호화폐가 있다면 어떻게 될까? 평소 큰돈을 이곳저곳으로 보낼 일이 많은 사업가들이 가장 좋아할 것 같아. 은행을 거치지 않으므로 수수료도 내지 않고 빠르게 돈을 보낼 수 있으니까. 또 자신이 어디에 자주 가고, 어떤 물건을 사는지에 대한 개인 정보를 카드회사나 쇼핑몰이 가져가는 것을 싫어하는 사람들도 환호하겠지. 암호화폐는 그것을 쓰는 사람의 신분 정보를 철저하게 비밀로 지켜 주니까.

뿐만 아니라 은행에 예금계좌가 없어 신용카드를 만들지 못하던 사람들도 기뻐할 것 같아. 전 세계 79억 인구 가운데 17억 명 정도가 은행 계좌가 없다고 해. 은행 제도가 자리 잡히지 않은 너무 가난한 나라에 살거나 평소 빚을 크게 져 신용이 나쁜 사람들은 은행에서 계좌를 만들어 주지 않기 때문이야. 이런 사람들은 귀찮아도 늘 현금을 가지고 다녀야 하고, 온라인으로 공과금을 내거나 물건을 사는 것은 꿈도 꿀 수 없어.

하지만 정부가 발행하는 암호화폐가 생기면 이런 사람들의 생활도 훨씬 편리해지겠지. 각자의 스마트폰에 있는 전자지갑에 암호화폐를 넣어가지고 다니면서 시장에서도 온라인에서도 현금을 빼내어 쓰듯이 하면 되기 때문이야.

만일 스마트폰이 없다면 암호화폐 전용카드를 쓰면 될 거야. 암호화폐 전용카드에는 돈이 포인트처럼 충전되어 있기 때문에 체크카드처럼 쓰면 돼. 이 카드가 체크카드와 다른 점은 은행계좌와 연결되어 있지 않다는 사실이

지. 대신 정부가 만든 블록체인에 있는 나만의 전자지갑과 연결되어 그곳에서 돈이 빠져나가는 거지.

그래서 세계 여러 나라들은 암호화폐를 법정화폐로 발행하려고 하고 있어.

이미 중국은 '디지털 위안화'라고 불리는 암호화폐를 법정화폐로 발행해서 몇몇 도시에서 사용 중이야.

앞으로 중국은 전 국민이 현금을 쓰지 않고 디지털 위안화를 쓰도록 할 예정이라고 해.

디지털 위안화에는 블록체인이 만든 암호화폐의 특징이 잘 반영되어 있어. 해킹이 불가능해 돈을 위조하지 못하도록 했고, 어떤 기관에서도 돈을 쓰는 사람의 신분을 추적하지 못하도록 했어. 누구든 안심하고, 현금처럼 사용할 수 있도록 하기 위해서야.

하지만 암호화폐를 발행한 중앙은행에서는 필요한 경

우 누가 어디서 어떻게 디지털 위안화를 쓰는지 추적할 수는 있다고 해. 그래야 암호화폐 발행량을 조절해 경제에 혼란이 오지 않도록 할 수 있기 때문이지.

그리고 또 한 가지 중국 정부에서 중요하게 생각하는 것은, 뇌물로 현금을 받아 집안에 쌓아두는 부패한 관료를 뿌리 뽑는 거야. 2021년 중국에서는 뇌물을 받은 혐의로 관료가 처형당하기도 했어. 그런데 이 사람의 집에는 지폐만 3톤이 숨겨져 있었다고 해. 만일 암호화폐를 쓰는 사회라면 상상도 못할 일이겠지.

그런데 어느 나라에나 추적이 어려운 현금을 뇌물로 받아 집안에 숨겨두거나 세금을 안 내기 위해 현금으로만 거래하는 사람들이 있어. 따라서 전 세계 많은 국가들이 암호화폐를 법정화폐로 채택한다면, 이런 불법은 사라지게 될 거야.

국가에서 자체적으로 암호화폐를 발행하려는 또 다른 중요한 이유가 있어. 그것은 일반 사람들이 만든 비트코인 같은 암호화폐가 법정화폐와 대등하게 쓰인다면 국가 경제를 운영하는 데 혼란이 일어날까 봐 걱정스럽기 때문이야.

 그래서 그런 일이 일어나기 전에 시장에서도 온라인 쇼핑몰에서도 두루두루 쓰이고 세금이나 공과금도 낼 수 있는 암호화폐를 정부에서 발행하려는 거지. 참고로 중앙은행이 발행하는 암호화폐는 간단히 CBDC(Central Bank Digital Currency)라고도 불러.

9

블록체인으로 꽃피는 세상, 메타버스

국가에서 발행한 암호화폐를 쓰게 되면 우리는 블록체인으로 연결된 새로운 세상에서 살아가게 될 거야. 암호화폐는 블록체인과 떼려야 뗄 수 없기 때문이지. 마치 전자 메일과 인터넷을 떼어놓고 생각할 수 없는 것과 같지.

암호화폐로 우리의 생활이 블록체인 위에서 펼쳐지게 되면, 또 하나의 세상과 마주하게 될 거야. 그것은 현실에서 하는 거의 모든 일을 체험할 수 있는 가상세계, 즉 **메타버스**야.

메타버스에서 '메타'는 '더 높은', '현실을 넘어선'이란 뜻이야. 그리고 '버스'는 '유니버스'의 줄임말로, '우리가 경험하는 하나의 세상'을 뜻해. 즉 '메타'와 '버스'를 합친 메타버스는 '현실을 넘어 가상으로 체험하는 또 하나의 세상'이란 뜻이야. 우리가 발을 딛고 선 현실이 아니라 인터넷에서 이루어지는 가상세계를 말하지.

메타버스에 대한 생각은 사실 블록체인이 나타나기 전인

1960년대부터 사람들을 사로잡았어.

주로 컴퓨터 산업이 처음으로 발달한 미국에서 시작되었지. '전 세계의 컴퓨터를 연결해 가상세계를 만들고, 그 안에서 다양한 활동을 할 수는 없을까?'

이들이 상상한 활동은 다양했어. 전 세계 어디에 있든 컴퓨터를 통해 전자 도서관에 들어가 전자책을 빌려보고, 온라인에서 만나 서로 토론하고, 스포츠 게임을 하거나, 공연을 관람하는 것 등이었지. 즉 컴퓨터를 통해 모든 사람들이 함께 어울리는 가상세계를 그려본 거야.

이후 인터넷 기술은 더욱 발전했고, 정보를 블록에 담아 여러 대의 컴퓨터에 흩어서 저장하는 방법도 알아냈어. 블록체인을 향한 출발점이 생긴 거지.

서로 연결된 컴퓨터에 정보를 똑같이 저장하면, 그중 몇 대가 공격받아도 안전해. 똑같은 정보가 다른 컴퓨터에 저장되어 있기 때문이야. 이런 <u>분산 저장 방식</u>은 블록체인의 핵심이야.

블록체인에 참가한 모든 컴퓨터는 동등하게 데이터를 저장하고 관리할 수 있어.

지금 이 블록체인에는 수많은 컴퓨터, 노트북, 스마트폰, 스마트워치들이 연결되고 있지.

예를 들어 몇몇 세계적인 자동차 기업들은 누구나 자동차의 사용기록을 볼 수 있는 홈페이지를 만드는 중이야. 자동차의 특정 장치가 블록체인에 정보를 기록하도록 하는 것이지. 누구에게나 공개된 이 기록을 보면, 물에 빠졌던 차인지 큰 사고가 났던 차인지를 금방 알아낼 수 있어. 이 기록은 조작할 수 없기 때문에 중고차를 사고팔 때 속아서 비싼 값을 치르는 일은 사라지게 될 거야.

또 미국의 유명한 식품 기업은 식품의 재료나 생산과정을 블록체인에 기록해 소비자가 한눈에 볼 수 있도록 하고 있어. 앞으로 우리나라에서도 소고기의 포장지에 붙은 QR코드를 스마트폰으로 찍으면 이 고기가 어디에서

누가 생산해 어떤 과정을 거쳐 마트까지 왔는지를 알 수 있게 될 거야. 심지어 소를 키울 때 어떤 사료를 먹이고 어떤 예방접종을 했는지도 알아낼 수 있지. 이렇게 되면 지나치게 많은 항생제를 먹인 고기나 광우병 위험이 있는 고기는 마트에서 사라지게 되겠지? 아무도 그런 고기를 사려고 하지 않을 테니까.

블록체인 기술이 메타버스라는 가상세계에 왜 필요한 것일까?

그것에 대해 자세히 알아보기 전에 우리가 어떤 식으로 메타버스에 참여하고 있는지를 잠깐 살펴볼게. 이 책을 읽는 독자들 중에도 이미 메타버스를 경험해 본 사람도 많을 거야.

예를 들어 몇몇 학교에선 **메타버스 플랫폼**에서 입학식과 졸업식을 열었어. 메타버스 플랫폼이란 쉽게 말해 유튜브 같은 것이야. 유튜브에서는 누구나 채널을 만들 수 있

어. 각각의 채널에 들어가면 채널 주인이 만든 동영상이 있고, 방문한 사람은 그 동영상을 보고 댓글을 남기며 서로 소통할 수 있지. 마찬가지로 메타버스 플랫폼에서도 자신이 원하는 가상공간을 꾸밀 수 있어. 만일 학교에서 메타버스 플랫폼에 학교 졸업식장을 꾸며놓으면, 초대받은 학생과 학부모는 누구나 그곳에 들어가 가상 졸업식을 지켜 보며 축하해 줄 수 있지.

지난 몇 년 동안 코로나19 바이러스가 크게 유행하면서 학생들이 교실에서 마스크를 쓰고 졸업장을 받는 동안 부모님은 바깥에서 기다려야 했지. 그래서 몇몇 학교에선 먼저 교실에서 선생님과 학생들이 모여 간단히 졸업식을 치른 후 메타버스 졸업식장에 학생들과 선생님들 그리고 학부모를 초대했어. 그곳에서 다시 졸업식을 하기로 한 거야.

졸업생과 학부모는 메타버스 졸업식장에 입장하기 위해 자신의 **아바타**를 만들어야 해. 아바타는 메타버스에서 나를 대신해 활동할 **가상인물**이야. 여러분이 즐겨 찾아가는 메타버스 공간(**제페토**나 **로블록스** 등)에서 나를 대신해 활동하고 있는 캐릭터도 이런 아바타의 한 종류라고 할 수 있지.

　졸업식에서 아바타들은 졸업생들의 학교 생활을 담은 동영상을 본 뒤 교장 선생님의 축하 인사를 들었어. 그리고 졸업생 아바타들이 선생님과 부모님에게 보내는 감사의 편지를 낭독했지. 이때 부모님 아바타들은 화면에 뜬 채팅창에 따뜻한 칭찬과 축하의 말을 써 주었고, 졸업생들은 아주 즐거워했다고 해. 현실의 졸업식장에서 듣지 못한 축하 인사를 받은 데다 부모님들이 제각각 꾸민 아바타들이 신기했기 때문이었어.

　이처럼 메타버스의 최대 장점은 현실에선 불가능한 일을 가능하게 만들어 준다는 사실이야. 바이러스 때문에 한자리에 모일 수 없었던 학생과 학부모, 선생님들이 메타버스에선 함께할 수 있었지.

　코로나19 바이러스가 전 세계를 공포로 몰아넣었을 때는 1년이 넘게 해외여행도 금지되었어. 이때 덴마크의 페로 제도에서는 여행을 가상체험할 수 있도록 홈페이지를 열었어. 이 홈페이지의 화면에 뜬 조이스틱은 관광 안

내요원의 특수모자와 연결되어 있었지.

이용자가 조이스틱을 클릭해 명령을 내리면, 관광 안내원이 그 명령에 따라 섬을 돌아다니는 거야. 이때 이용자는 관광 안내원의 모자에 달린 커다란 렌즈를 통해 마치 자신이 섬 안을 돌아다니는 듯한 기분을 맛볼 수 있지. 렌즈에 잡힌 화면들이 자신의 컴퓨터나 스마트폰 화면에 그대로 보이기 때문이야.

관광 안내원은 말이나 헬리콥터에 올라타기도 하고, 미술관에 들어가 그림 앞에 오랫동안 서서 감상도 했어. 물론 그때마다 이용자는 관광 안내원과 함께 말을 타거나 그림을 감상하는 것처럼 느낄 수 있지.

그런데 이런 장면이 익숙한 독자들도 많을 거야. 메타버스 플랫폼에 아바타를 만들고, 그 안에서 펼쳐지는 다양한 세상을 돌아다닐 때도 이런 기분을 느낄 수 있기 때문이지. 차이점이 있다면, 메타버스 플랫폼에선 관광 안내원이 아니라 내 아바타가 직접 돌아다닌다는 사실이야.

블록체인이 메타버스에서 하는 가장 중요한 역할은 가상세계에 참여하는 아바타의 신분을 확실하게 보장해 주는 것이야.

우리가 은행에서 온라인으로 입출금을 하려면 인증서가 있어야 하고, 비밀번호도 입력해야 해. 신분을 확인하고 증명하기 위해서지. 이것은 공공기관을 이용하거나 세금을 낼 때도 마찬가지야. 간혹 신분을 증명하기 위해 여러 가지 보안 프로그램을 깔다 보면 지치고 짜증나서 포기하는 경우도 많지.

하지만 메타버스에서 이런 일은 없어. 블록체인의 철저한 암호기술이 메타버스 참가자의 신분을 보장해 주기 때문이야. 따로 프로그램을 깔지 않아도 빠른 속도로 아바타의 신분을 확인하고 실제로 다른 사람들이 알 수 없도록 철저하게 비밀을 지켜 주지.

블록체인에 저장된 아바타의 신분 정보는 누구도 들여

다볼 수 없고, 위조할 수도 없어. 그런 의미에서 아바타는 가상세계에서 돌아다니는 나의 비밀스러운 쌍둥이야. 내가 누구인지 먼저 말해 주지 않는 이상 내 아바타의 정체에 대해선 아무도 모르니까. 따라서 아바타가 꼭 나와 닮을 필요는 없어. '내가 되고 싶은 나'여도 좋아.

예를 들어 가상세계의 내 아바타에게 '뷔뷔'란 이름을 붙이고, 아이돌 연습생처럼 예쁘게 화장시킨 뒤, 명품 가방을 들고 다니게 할 수도 있고, 머리를 아주 길게 기르거나, 좀처럼 입지 못하던 스타일의 옷을 입고 현실에서 하기 어려운 연주나 노래를 해 보는 재미를 느낄 수 있지. 이런 소소한 즐거움 때문에 메타버스를 찾는 사람들이 점점 늘어나고 있어.

실제로 운동화를 잘 만들기로 유명한 어떤 기업은 메타버스 플랫폼에 쇼핑몰을 만들고 회사 로고가 그려진 운동화 아이템을 팔아 큰돈을 벌었어. 이제 부모님은 자녀가 생일 선물로 운동화를 받고 싶다고 하면, 이렇게 질문해야 할 것 같아.

"네가 신을 거니? 아니면 아바타가 신을 거니?"

우리나라 어린이에게 인기를 끄는 어떤 메타버스 플랫폼에는 최근 많은 기업들이 들어와 가상공간을 꾸미고 있어. 세계적으로 유명한 청바지 회사도 상점을 열고 10여 가지가 넘는 상품을 들여놓았지. 뿐만 아니라 편의점, 카페, 테마파크 등도 들어와 있어.

메타버스 플랫폼의 거래는 암호화폐로 이루어져. 보통 메타버스 안에서 쓰이는 암호화폐는 **코인**이라 부르기도 하고, 달러나 원처럼 따로 단위를 붙여 주기도 해. 이런 암호화폐는 블록체인에서 비트코인이 발행되듯이 메타버스 안에서 활동을 하면 그에 대한 보상으로 받을 수도 있지.

메타버스 안에서 광고를 보면, 보상으로 **전자지갑**에 100코인이 들어오는 것처럼 말이야. 그러면 코인을 모아 상점에 가서 아바타에게 입힐 옷을 사기도 하고, 모자를 살 수도 있어. 또 코인은 전자지갑과 연결된 나의 은행 계좌나 신용카드를 통해서도 살 수 있지. 다시 말해 현금을 주고 암호화폐를 사서 전자지갑에 보관하고 있다가 필요할 때 메타버스 안에서 쓸 수 있는 거야.

이처럼 메타버스에서 쓸 암호화폐를 보관하는 전자지갑은 소중한 디지털 자산의 보관창고야. 이 자산이 '나의 것'이라는 것을 증명해 주고, 이 자산으로 이루어진 거래 기록을 하나도 빠짐없이 저장해 주는 것이 바로 블록체인이지. 물론 블록체인 안에 담긴 자산과 기록은 위조할 수도 빼앗아갈 수도 없어. 따라서 메타버스는 도둑이 없는 세상이라고도 할 수 있지.

 앞으로는 해킹과 도둑이 없는 메타버스에서 일하고, 공부하고, 즐기는 시대가 찾아올 거야. 정부 기관이나 학교, 도서관, 기업들도 앞다투어 메타버스 안에 가상공간을 꾸미려고 준비 중이거든.

10

편리하고 안전한 블록체인의 미래

현실에서 지갑은, 그 속에 있는 돈을 꺼내 다른 사람의 지갑 속에 넣어줄 수 있어. 하지만 암호화폐가 들어 있는 모든 전자지갑이 이런 기능을 하는 것은 아니야. 암호화폐 거래소에서 정식으로 사고파는 코인을 넣어둔 전자지갑만이 이런 일을 할 수 있어.

아마 머지않아 전 국민이 암호화폐를 넣는 전자지갑을 가지게 될 거야.

국가가 나서서 이렇게 암호화폐를 발행하는 이유는 다가올 큰 변화에 뒤처지지 않기 위해서이기도 해.

앞으로는 대부분 가전제품과 자동차에 인공지능이 들어갈 거야. 그러니까 우리 주변의 냉장고, 텔레비전, 자동차 같은 것들이 모두 하나의 컴퓨터가 되어 인터넷을 통해 서로 연결되는 거지. 그리고 자기들끼리 정보를 주고받으며 거래를 할 수 있게 돼.

이런 모든 일들이 블록체인 안에서 이루어져야 해킹을 당하지 않고, 안전하게 재산을 지킬 수 있어.

예를 들어 냉난방기가 인공지능을 가지게 되면, 알아서 집안 온도를 조절하며 더워지면 냉방을, 추워지면 난방을 틀 거야. 그리고 여기에 필요한 전기 요금은 블록체인에 저장된 스마트 계약 프로그램에 따라 집주인의 전자지갑에 들어 있는 암호화폐로 자동 지불되겠지.

앞에서도 이야기했듯이 스마트 계약은 블록체인 안에서 실행되기 때문에, 아무도 계약조건을 위조할 수 없어. 그리고 인공지능의 도움을 받아 아주 복잡한 계약도 자동으로 이루어지게 할 수 있지.

이때 요금을 지불할 때마다 계약 조건에 맞는지 사람이 확인하려면 몇 시간이나 걸릴 일도 스마트 계약으로 처리하면 단 몇 초 만에 해결돼. 사람이 끼어들지 않고, 기계끼리 인공지능과 통신기술의 힘으로 처리하기 때문이야. 물론 블록체인 기술이 뒷받침해 주기 때문에 누군가 계산을 위조해 전자지갑의 돈을 훔쳐갈까 봐 걱정하지는 않아도 돼.

앞으로는 자동차도 대부분 스스로 운전하는 **자율주행차**로 바뀔 거야. 자동차가 알아서 달리니까, 차를 타고 회사에 가는 동안 차 안에 있는 모니터를 통해 영화를 보거나 잠을 잘 수도 있어. 그 사이에 자동차는 도로, 교통 신호기, 속도 측정기 등에 설치된 감지기와 카메라와 정보를 주고받으며 목적지까지 알아서 씽씽 달리겠지. 도로 교통 관리센터로부터 정보를 받아 가장 막히지 않은 길로 데려다 주니까 사람이 운전할 때보다 훨씬 빠르게 갈 수 있어.

그런데 이런 일이 가능하려면 자동차에 전기가 충분히 충전되어 있어야 해. 아마 이때쯤이면 많은 도로에 전기 충전 장치가 깔려 있을 것이기 때문에, 달리면서도 충전할 수 있겠지. 그리고 밤새 주차장의 충전기에 연결해 두면 **심야 전기**로 훨씬 값싸게 충전할 수 있어.

심야 전기란 '사람들이 전기를 적게 사용하는 밤 동안

공급되는 전기'를 말해. 심야 전기로 자동차를 충전한 뒤 플러그를 뽑으면, 전기요금은 자동으로 계산되어 내 전자지갑에서 빠져나갈 거야. 이것은 자동차와 충전기가 서로 정보를 주고받으면서 스마트 계약에 따라 계산을 마친 뒤 암호화폐가 이동하도록 허용했기 때문이야.

자, 지금까지는 사람이 아닌 사물끼리 블록체인 안에서 정보를 주고받으며 거래가 이루어지는 경우를 살펴보았어. 그런데 블록체인에서는 사람도 사물과 정보를 주고받으며 거래할 수 있어.

보통 스마트 워치는 스마트폰과 연결되어 문자나 전화가 오면 화면에서 확인할 수 있고 뒷면의 감지기를 통해 시계를 찬 사람의 건강정보도 살필 수 있지. 심장이 내보내는 미세한 전기 신호를 감지해 심장 박동이 규칙적으로 뛰는지 그리고 피부에서 일어나는 전기 변화를 감지해 스트레스를 받고 있는지도 알아내고, 운동할 때 바른 자세를 잡고 있는지도 확인하는 거야.

앞으로는 이런 기능이 더욱 다양해져 바이러스나 세균에 감염되었는지도 알아낼 수 있다고 해. 사람과 기계 사이에 점점 더 정확하게 정보를 주고받을 수 있게 되면서 가능해지는 일이지.

　이처럼 블록체인에서 사람과 기계가 서로 정보를 주고받게 되었을 때 스마트 워치를 차면, 어떤 일이 벌어질까? 평소 심장이 약한 사람이 스마트 워치를 차고 공원을 산책하다가 심장마비를 일으키게 되었다면 곧바로 공원으로 자율주행 구급차가 달려오고, 차에서 뛰어내린 응급구조사가 재빨리 심폐소생술을 하면서 환자는 위기를 넘길 수 있을 거야. 어떻게 이런 일이 가능한지 살펴볼게.

　우선 체온이나 심장 박동수가 평소와 다르게 변하면, 스마트 워치 속 인공지능은 심장마비를 예측하게 돼. 그리고 스마트 계약에 따라 자율주행 구급차에게 출동 명령을 내리지. 구급차와 짝을 이루어 일하는 응급구조사는 이 명령을 확인하고 구급차에 올라타 환자에게 응급 처치를 해 주는 거야.

　이처럼 사람과 기계가 블록체인 안에서 정보를 주고받으면, 응급 상황에서 빠르게 구조 받는 일 외에도 도움

받을 일은 많아. 블록체인은 의료 기록이 조작되지 않도록 보호해 주기 때문에, 여러 가지 다른 사고도 막을 수 있어.

약국에서 약을 받거나 보험금이나 정부 지원금을 받기 위해 제출하는 의료기록이 위조되면 여러 가지 사고가 일어나. 하지만 블록체인이 보안을 지켜 주면 나쁜 마음을 먹은 사람들이 기록을 위조하는 일을 막을 수 있지.

사람과 사물이 모두 인터넷으로 서로 연결되는 시대에는 우리의 생활 하나하나가 인터넷 어딘가에 기록돼. <u>스마트 전등</u>은 우리가 몇 시에 일어나 불을 켰고, 몇 시에 잠들며 불을 껐는지를 기록할 것이고, <u>스마트 도어락</u>은 우리가 외출했다가 돌아온 시간을 모두 기록할 거야. 이런 기록은 모두 편리한 생활을 할 수 있도록 돕는 데 쓰여. 스마트 워치나 <u>스마트 운동복</u>은 평소 우리의 체온과 심박수를 건강관리센터로 보내 미리 질병을 예방할 수 있도록 해 주고 가전제품들도 알아서 제 할 일을 하게 돼.

냉장고 속 계란 상자가 거의 비어가면, 냉장고는 자동으로 이 정보를 마트에 알려 계란이 배달되도록 하고, 스마트 계약에 따라 요금을 지불할 거야.

물론 이런 정보 중 어느 한 가지라도 기업이 가져가 이용할 때는 우리에게 허락을 받아야 해. 블록체인이 깔리기 전에는 누군가 나의 정보를 몰래 가져가도 어쩔 수 없었지만, 블록체인 안에선 반드시 주인에게 허락 받아야만 암호를 풀고 정보를 가져갈 수 있어.

그리고 블록체인에 기록된 모든 정보는 누구도 조작할 수 없는 유일한 것이기 때문에, 정보의 주인이 원한다면 암호화폐를 받고 팔 수도 있어.

이처럼 사람과 사물이 모두 연결되어 자동으로 거래를 하고, 안전하게 암호화폐를 주고받는 사회가 되기 위해선 중요한 변화가 일어나야 해.

그것은 오늘날 어디에나 인터넷이 깔려 있듯, 인터넷이 깔린 컴퓨터가 모두 블록체인 안으로 들어와야 한다는 거야. 누군가는 꼭 블록체인을 사용해야만 하느냐고 물을 수도 있겠지. 하지만 **편리함**과 **안전함**을 경험하고 나면, 촛불을 켜던 사람이 꼭 전깃불이 있어야만 하느냐고 묻는 것과 같은 질문이라는 것을 알게 될 거야.

편리하고도 안전한 블록체인을 받아들인다면, 그만큼 세상은 더 살기 좋은 곳이 될 거라고 생각해. 그리고 우리가 살아가는 세상이 또 하나의 가상세계인 메타버스로 넓어지게 될 거야. 블록체인 위의 메타버스라면, 우리는 안심하고 그곳에서 마음껏 뛰어놀아도 좋겠지?

교양 꿀깍

암호화폐와 블록체인은 왜 필요할까?

초판 1쇄 발행 2023. 11. 5.
초판 2쇄 발행 2024. 11. 30.

지은이	유윤한
그린이	이진아
발행인	이상용 이성훈
발행처	봄마중
출판등록	제2022-000024호
주소	경기도 파주시 회동길 363-15
대표전화	031-955-6031
팩스	031-955-6036
전자우편	bom-majung@naver.com

ISBN 979-11-92595-32-0 73320

값은 뒤표지에 있습니다.
잘못된 책은 구입한 서점에서 바꾸어 드립니다.
본 도서에 대한 문의사항은 이메일을 통해 주십시오.

봄마중은 청아출판사의 청소년·아동 브랜드입니다.